TAKARAZUKA JUKEN

宝塚受験

世界にひとつしかない夢

川路真瑳
KAWAJI MASA

左右社

CONTENTS

第3章 宝塚受験の心得と実践

第4章 私がタカラジェンヌだったころ

はじめに

宝塚歌劇団の男役として九年間の舞台人生を終えたあと、一九七一年に「川路真瑳バレエスタジオ」を開校しました。それからおよそ五〇年のうちに教えた子どもたちは二五〇〇人を超え、そのなかで宝塚音楽学校に入学したのは一八〇人以上。湖月《こづき》わたる、大空《おおぞら》祐《ゆう》飛《ひ》（現・大空ゆうひ）、柚《ゆず》希《き》礼《れ》音《おん》、珠城《たまき》りょうなど、努力を重ねてトップスターになった教え子たちもいます。

とはいえ、最初から宝塚受験の教室を作ろうと思っていたわけではありません。退団してすぐ、ファンの方々に「暇だったら美容体操を教えて」と頼まれて、いいよと言って始めただけなのです。でも、そのうちに私を育ててくれた宝塚に少しでも恩返しをしたいという気持ちが大きくなりました。教室には宝塚志望の子も来るようになっていましたから、受験の前に、バレエはもちろん礼儀作法など基本的なことを全部教えてあげたら、宝塚に入ってからラクかなと思ったんです。それを宝塚の先生に相談したら「ええなあ」とおっしゃったので、開校三年目に宝塚受験のクラスを作りました。今でこそ宝塚の受験スクールは山のようにあるけれど、当時はそういうものは一切ありませんでしたから、みるみるうちに生徒が増え、一〇周年には一〇〇人になりました。

先生という立場で子どもたちと向き合うようになって思うのは、宝塚受験というのはゴールではなく「通過点」ということです。宝塚には「これができれば必ず入れる」という方程式はありません。性格が良くたって入れないし、顔だけが良くたって入れない。結局は、審査をする先生方の「こんな子が欲しい」という意見が一致するかどうか。納得できない結果になることだってたくさんあります。

でも、だからこそ、その夢に向かって一生懸命勉強できることが、人生で一番の宝物になるのです。宝塚に入ることだけが幸せとは限りません。川路の卒業生のなかには、宝塚には受からなかったけれど劇団四季やディズニーなど別の舞台の道へ進んだ子もいれば、医療関係の仕事に就いた子、東大に行って弁護士になった子だっています。

宝塚受験に向けて学んだことをどこで活かすかは、自分次第。そのことを、はじめにお伝えしておきたいと思います。

タカラジェンヌになるためには?

宝塚歌劇団に入団するには、2年制の養成所「宝塚音楽学校」を卒業する必要があります。他の劇団のようにオーディションによる途中入団などは認められていません。宝塚音楽学校は、声楽、ダンス、演劇、日本舞踊など、舞台人としての基礎作りに特化したカリキュラムが特徴です。中学卒業時～高校卒業時の4回受験資格があり、在学中に合格した人のうち、希望者は高卒認定の単位取得授業を受けられます。

校訓

清く　正しく　美しく

「タカラヅカ」の代名詞としておなじみ、宝塚歌劇団の創立者であり阪急東宝グループの創業者、故・小林一三校長の教え。礼儀作法と清純さを重視するこの信条は、宝塚音楽学校の教育の基礎として、長きにわたり受け継がれています。

応募資格	容姿端麗で、卒業後宝塚歌劇団生徒として舞台人に適する人。受験時に中学卒業あるいは高等学校卒業又は高等学校在学中であること（通信制高等学校在学中で年間所定単位修得見込者は含まれる。専修学校、各種学校は含まない。ただし専修学校のうち、大学入学資格を付与された高等課程在学者は含まれる）
募集人数	女子約40名
修学年限	予科1年・本科1年（通算2年）
所在地	兵庫県宝塚市（自宅から通えない生徒は入寮）
休日	日曜日・祝日・春季休校・夏季休校・冬季休校
授業時間	9:00 ～ 18:05（曜日により異なる）
制服	洋服（制服・制帽・その他） 和服（緑の袴・色物着物…黒紋付着用の場合もある）

音楽学校の歴史

1913年	宝塚唱歌隊として創立したのち、宝塚少女歌劇養成会と改称
1918年	私立宝塚音楽歌劇学校設立（文部省認可）
1923年	宝塚新温泉、宝塚音楽歌劇学校新校舎焼失 入学年齢を13歳～19歳に変更する
1944年	第二次世界大戦の影響で生徒募集中止
1946年	宝塚音楽学校に校名を変更する
1947年	入学年齢を16歳～19歳に変更する 生徒定員を40名とし、1年制となる
1949年	授業料の徴収が始まる（年学費3600円） 入学年齢を17歳～18歳に変更する
1953年	入学年齢を満15歳～満18歳に変更する
1956年	洋装の制服が定められる
1957年	予科・本科の2年制となる
1998年	生徒定員を45名に変更する。現在の校舎に移転。宙組誕生
2000年	生徒定員（上限数）を50名に変更する
2009年	入学試験方法を大幅に変更する
2013年	7月15日、宝塚音楽学校100周年を迎える

※情報は2020年1月時点のものです。最新情報、授業料などの詳細は宝塚音楽学校のサイト（http://www.tms.ac.jp/）を参照してください

第 1 章

タカラジェンヌを目指す前に考えること

入門の条件はひとつだけ

宝塚受験のために川路の教室に入りたいという子には「どうぞ」と言います。他のスクールでは、合格率を気にして、あまりに素質のない子はお断りするということもあるようですが、川路ではそういうことはしていません。

もちろん向き不向きはありますし、星組トップになった湖月わたるなんかは、ひと目見たときに「この子は受かるな」とわかりました。そういう人は、持って生まれたものが違う。それプラス、努力する心と性格の素直さがあれば最強です。でも、そういう子ばかりが合格しているかというと、決してそうではありません。最初はパッとしなくても、ラストチャンスの高三で技術も魅力も伸びる子はたくさんいます。むしろ、今年で最後と思うからこそ、成長力は凄まじいものがあります。バレエや歌だけでなく、心も！　レッスンしながら学校の成績を上げる子だって多いんですよ。だから、「もしダメだったら？」なんて、始める前から気に病むことはありません。

ただ、川路への入門にはひとつだけ条件を設けています。

それは、「家族の誰かが反対していない」こと。

宝塚を受験するということは、レッスン費用はもちろん、食事の栄養バランスや学業・部活などとの両立も含め、ご家族の協力なしには決してうまくいきません。なので、レッスンの見学に来る子には「ご家族のなかで宝塚受験に反対という方がいらしたら、川路でレッスンすることはできません。他の受験校を見学なさってください」と言います。親に内緒でひとりで見学に来たいという子も多いのですが、それも全部お断りしています。

子どもが宝塚を受験したいと言うと、「あなたが入れるような甘いところじゃないのよ」と言って止める親御さんがいます。たしかにその通り、宝塚は厳しい世界です。宝塚音楽学校の定員約四〇名に対し、受験者数は毎年九〇〇～一〇〇〇人で、平均倍率二〇倍以上の狭き門。川路の雰囲気が大好きでレッスンを受けたいと言ってくれる子でも「父だけがどうしても反対しているので、入れていただけませんよね」というケースは後を絶ちません。親御さんの理解が得られず悩んでいる子はとても多いのです。

　そのような相談を受けると、ある時期までは「自分には固い決心があって宝塚受験をしたいのでお願いします」と正座して親に頼みなさいと言っていました。それで許可をもらった子もいましたが、最近は親の方に余裕がないのか、それでも説得できないケースが増えてきています。そのぶん、応援してくれる親御さんにはきちんと感謝の気持ちを伝えなさい、ということも繰り返し言っています。

　とはいえ中高生なんてまだ子どもですから、親を旅行に連れていくなんてできっこないし、勉強をがんばるといっても、レッスン漬けの生活だと限界がある。感謝を伝えるというのは、笑顔で「おはようございます」「おいしかった！」と言葉に出す。食事のとき、お茶碗ひとつでもいいから運んでみる。そんな小さなことでいいんです。「お風呂洗うよ」と声をかけると、ただそれだけのことなのに親はすごく感動するものです。そういうことを続けているので、「娘は川路先生のところに行ってからとてもいい子になりました」と言われるんですよ。

　ちょっとしたことに「ありがとう」と言える人になってほしい。それは、私が宝塚にいたからこその考え方だと思います。

宝塚は上下関係や礼儀作法、お掃除の仕方が厳しいことで有名ですが、それはすべて人と関わる上で重要なこと。親に言われると反発するようなことも、組織にいれば自然と身についていくのだから、すばらしいことだと思います。

宝塚受験とお金の話

タカラジェンヌになりたいと子どもが言い出すと、経済的なことを心配する親はとても多いでしょう。うちの教室にも「なぜ川路を選んだの？」と聞くと、「月謝が安いから」と言う子がいました。面倒でもう何十年も変えていないのですが、今どき週二日で一万五〇〇〇円の月謝というのは破格なのでしょうね。他のスクールは桁が違うという話もよく聞きますが、安いからこそ来られる子もいるわけだから、誇りを持ってお稽古をしています。

実際問題、レッスン代が払えないという子は今までに何人も教えてきました。ある親御さんは、「お稽古事にはバレエや声楽、交通費を合わせて一カ月に〇万円しか使えない。娘の夢を応援したいから、毎月の月謝はどうにかして払うけれど、それ以外の特訓授業や発表会のお金は払えません」と相談に来ました。私はそれを聞いて、「わかりました、立て替えます」と言いました。そのかわり、何年かかっても構わないから、その子の受験が終わって余裕ができたら、少しずつでもそのお金をお返しください、と。もちろん、こちらにも生活がありますから、誰にでもというわけではありません。でもその子は小学校から高校まで一二年間無遅刻無欠席。バレエのレッスンも休んだことがないがんばり屋さんで、何時間もかけて千葉の先から通っているので、応援したいと思ったのです。また、この経験をもとに、計画を立てることを親子で学んでほしいという気持ちもありました。

　ほかにも、母ひとり子ひとりで暮らしている生活の苦しい生徒がいましたが、やはりがんばり屋さんだったこともあり、同じようにお稽古代を立て替えていました。その子は高三の最後の受験で、音楽学校に入ることができたのです。そこから一〇年くらいタカラジェンヌとして活動していました。さらにその子の娘も月謝が払えないながらに川路に通っていて、最後まで合格できなくて辞めたのですが、つい最近「これから今まで払えなかったぶんのお月謝を毎月少しずつ振り込ませてください」と連絡があったところです。その連絡をもらったときはとっても嬉しかった。

なぜそこまでするのか、と人には言われますが、私は子どもたちに、お金のせいで夢を諦めるということをできるだけしてほしくないのです。「宝塚はお金がかかるから」という理由でやりたいことを諦めさせられるのは、すごく可哀想だと思う。

それに、家柄のいい子が多いと言われる宝塚ですが、大事なのは資産どうこうよりも、何にお金をかけるかだと思います。「塾に使うお金は無駄じゃない」と思う親もいれば、「洋服にはお金を使うけれどお稽古事はもったいない」と思う親もいます。私の親は別にお金持ちというわけではなかったと思うけれど、お稽古事や学問など、うわべではなく、火事になっても焼けない、泥棒にも盗られない、本当に身につくものにお金をかけることを大切にしてくれていました。だからこそ、戦後四歳からバレエを始め、ジャズ、タップ、声楽、ピアノ、日舞を習わせてもらえて、宝塚に入ることができたのだと思います。

特に最近多いのは「受験は一回だけね」と言う親御さんです。一度でダメなら諦めて、そのぶん塾に行きましょう、旅行しましょうと。たしかに、音楽学校の一次試験は面接だけなので、どれだけバレエや声楽を練習しても、そこで落ちれば何も見てもらえません。見てもらえるかどうかわからないことにお金をかけるのはもったいないと思うのでしょうね。

でも、せっかく子どもが大きな夢に向かうのだから、お金の心配ばかりでなく「夢に一歩近づけるかもしれない」ということを考えて応援する親になってほしいのです。たとえ一次に受からなくても、高三までがんばらせてあげようと応援することで、そのあいだ親子にとって得がたいときを過ごせるのですから。

音楽学校の受験資格は中三卒業時～高三卒業時までのたった四回だけ。中二から高三までレッスンをしても、長い人生のせいぜい五～六年のことです。親の都合で子どもの夢を摘んでしまうと、心のしこりはいつまでも残ります。

断言しますが、お金がないからという理由で宝塚受験を諦める必要はありません。ただ、いくらお金があっても、心が貧しい人はダメ。宝塚は歴史あるすばらしいところです。人の文句ばかり言ったり、すぐに人と比べて妬んだり、ひねくれた人は行くべきではないと思います。

学業もレッスンもがんばる

お金のことと同じくらいみなさん心配するのが、「学業とレッスンの両立」です。中三から高三は、どのような大人になるかという方向性を定めるとても重要な時期。親だけでなく、子どもたちもとっても悩みます。特に、高二になって周りの進路が決まりはじめるころ、このまま宝塚一本で行って、落ちたらどうしよう？という不安が現実的になってくるのです。そんなとき、多くの親は、悩むくらいなら安全な道を選んでほしいと思うようです。

でも、私から言わせれば、大学なんて一浪や二浪したところで大したことはありませんし、本当に勉強をしたかったら五〇歳から行ってもいいと思います。教え子の湖月わたるは、一五歳で音楽学校に合格し、トップスターになっても常にカバンの中に単語帳をしのばせていたと言います。そして退団してから高校卒業の資格をとり、大学に行ってきちんと卒業しました。

それにひきかえ、宝塚を受験できるのは多くてもたった四回だけ。大学生になって「あのとき諦めずに最後の受験にチャレンジしていたら……」と後悔しても、二度とそのチャンスは戻ってきません。

とはいえ、すべてを宝塚受験だけに捧げ、レッスンだけで学校の勉強を全くしないというのはダメです。川路の教室では、レッスンが始まる二時間前から机を出して、みんなが自由に宿題や勉強をできるようにしています。学生時代に学べることはできるだけ学んでおいたほうがあとあと人間が豊かになる、というのが私の考え。我慢する心も育むことができるし、時間の使い方が上手になりますよ。

それに、音楽学校の受験では、必ず成績表や出席表を提出することになっています。学校にきちんと行っていた証拠があれば「この子は健康なんだ」というのがまずわかる。それに加え、学業の成績がある程度しっかりしていれば、「精神力も集中力もある」ということが伝わり、印象アップにも繋がるでしょう。

宝塚の中に入れば、勉強の頭の良さとはまた別の要領の良さが求められるという部分はあります。けれど、考えてもみてください。タカラジェンヌは、毎公演何時間分もある分厚い台本を覚えなくてはいけない仕事です。お芝居のお稽古をするときも、すぐに台本を手離さなくてはなりません。ただセリフを覚えるだけではなく、「『愛している』と言って二秒あとに右へ三歩行って振り返って……」「ここでお酒を飲んで一息ついてから次のセリフを言う」というように演出家の先生から言われることが多いので、とっても大変。気を抜くとすぐにセリフと動きがバラバラになるので、頭を使ってきちんと集中できる人でなければ務まらないという面もあります。

私のそういった考え方を理解してくれているからか、川路の教室に通っている子たちはみんな、時間を上手に使って勉強もがんばっています。

たとえば、高校三年生のＹさんは、八時〜一六時までは学校の時間ですが、終わったらレッスンに集中するため、学校のことは学校で片付けるようにしているそうです。授業には集中し、休み時間に課題や、空き教室で歌の練習をし、暗記ものは電車のなかで確認、というふうに。私も宝塚受験の前は毎晩遅くまでレッスンをしていたので、電車のなかでよく試験勉強をしていました。「次は永福町、永福町～」という車掌さんの声を聞いていたとき何を読んでいたか、というふうに音と記憶を結びつけることで、静かな部屋にいるより効率的に暗記できます。ポイントは、脳みそを柔らかくしておくこと。ドラえもんのポケットのように、いつでも大切なことを詰め込むことができ、いらなくなったことはポイと捨てられる脳みそがあれば最強です。

レッスンも学業もきちんとやろうと思うのは、とても大変なことです。しかし、すぐ楽なほうに逃げてしまう人は舞台には向いていません。自分を大きく成長させるチャンスと捉えて、努力できる人間になりましょう。

宝塚娘役OG・Yさんの体験談

川路先生の教室に通い始めたのは中学三年生のとき。宝塚を受験したいと母に言ったら「この子は一体何を言い出すんだ」と驚かれました。

「宝塚は甘い世界じゃないよ。まずは自分でお稽古場を探して、自分で電話できるなら……」と言われて、生まれて初めて知らない大人に電話をかけました。

「川路先生に電話したよ」と母に伝えるとすごく驚いて、「あんな引っ込み思案な子がここまでするなんてただごとじゃない！」と思ったようです。

幸い父は「やればいいじゃん」という軽いノリの人だったので、晴れてお稽古の見学に行くことができました。実際にお稽古場で宝塚を目指す同年代の子たちを目の当たりにして、「やっぱり自分はここに入ってレッスンをして宝塚に入るんだ！」と決意を固めました。

一回目のチャンスは中三の終わり。でも、私はどうしても高校に通ってみたかったので、その年は受験しませんでした。川路先生は全く反対せず「いいんじゃない」と言ってくれました。当時、両親には「高一と高二で受けて落ちたら宝塚は諦めるね、浪人したくないし」と言っていました。

初めての受験は高一の終わり。よくわからないながら一次は受かって、二次試験で落ちました。思った以上に悔しくて、そこからは周りのレベルの高い子たちに負けないようにレッスンを重ねました。

にもかかわらず、二回目の挑戦でも結果は同じ。もともとは高二までのつもりだった宝塚受験でしたが、自分よりも歌が下手な子や、バレエは上手だけど私も負けてないと思うような子が受かったのをみると、悔しくて悔しくてどうしても諦めきれませんでした。

意を決して「高三でどうしても最後の受験をしたい」と両親に伝えると、私が高二で諦めると言ったことなんてすっかり忘れて「そんなの当たり前でしょ、途中で諦めちゃダメ」と返されました。

特に母は、「高一と高二で受からなかったのも、あなたの人生にとって一番いい結果を神様が選んでくれているはず。高三で受かるか落ちるかはわからないけど、出た結果が一番いい道に決まっているんだから、最後までがんばりなさい！」と強く背中を押してくれて、ありがたかったです。

家族の応援がなかったら、宝塚は受かるものではないと本当に思います。川路先生は誰よりもそれを理解されているからこそ、「家族の許可を得なさい」「小さなことに感謝しなさい」「一緒にレッスンをする仲間にも教えてあげなさい」と口すっぱく言われるのだと思います。

と、そんな私の経験から、親御さんにお願いしたいのは、子どもが情熱を持ってやりたいというなら最初の三カ月は見守ってあげてほしいということ。

やってみたら全然通わなかったとか、気持ちが入っていないというようなら、「そんなにやる気がない子が受かるようなところじゃないよ」と反対するのは当然です。

でも、子どもがその三カ月でレッスンも休まず、学校の勉強もがんばって成長していることがわかるなら、続けて見守ってあげてほしいと思います。川路先生のおっしゃるように、音楽学校はひとりで受けるものではありません。親御さんもぜひ一緒に夢を追いかけてあげてください。

宝塚受験生の母・Mさんの体験談

子どもから突然「宝塚受験をしたい」と言われても、親が本気になるのはなかなか難しいですね。私も、本人の努力する姿を見ていくうちに少しずつ「応援してあげよう」と思い始めた感じです。

娘が宝塚を目指し始めたのは中学三年生のとき。それまでも宝塚はおつき合いでしょっちゅう見ていましたが、いつの間にか娘のほうがはまっていて。親が宝塚受験をさせたくて、というパターンも多いけれど、うちは子ども発信のタイプでした。

バレエも歌も何も習っていないのに「川路の教室に行きたい」と言うのは、本人もすごく勇気がいることだったようです。友達には言い訳として「うちから一番近いお稽古場が、たまたま宝塚受験の教室だったの」というふうに説明していたみたい。

川路先生はこれまで錚々《そうそう》たる方々を教えていらっしゃるし、敷居が高いのではないかと思っていました。でも実際はバレエ経験なしでもきちんと面倒を見てくださるので、娘も居場所ができて、喜んで通っています。

でも、やはり宝塚に入るのはそう簡単なことではないという思いが強く、対外的には「うちの子なんてとてもとても……」と言っていました。そうすると、あるとき、受験に成功した先輩のお母様に、

「そんなことない。親がダメなんて思ってたら子どもがかわいそうだから、親だけでも一緒に夢を見てあげて、応援してあげて。それがあなたの役目なんじゃないの？」

と励まされて、ハッとしました。

川路先生も、日頃から「親が応援しなくてどうするの！」と言ってくださいます。周りのみなさんのおかげで、私も「理解して応援してあげよう」と少しずつ意識が変わってきました。

一緒にお稽古している子の親御さんたちも、見学に行くと「今日は○○ちゃん、こういうところが良かったよ」「○○ちゃんの笑顔がすごくかわいかった」とか、

こまめに連絡をくれるんです。そういう連携もあって、気づけばすっかり「宝塚受験生の親」に……。宝塚は入ってからも家族のサポートが役に立つと聞いていますので、親の準備もすでに始まっているのだと思っています。

とはいえ、うちの場合は、先生のお考えからは外れるかもしれませんが、一八歳の今、娘にとって一番大切なのは学業だと考えています。

いつか社会人になるとき、また宝塚に入ったときや卒業するときに、大人として、人間として成熟した人になっていてほしい。そのためには、まず勉強をしっかりした上でレッスンをがんばること。それはタカラジェンヌになる上でも大切なことだというふうに、娘には伝えています。

第2章

宝塚受験のためのレッスン

いい教室・いい先生の選びかた

教室選びで迷っている子には「みんなうちに来なさい」と言いたいところなのですが、お住まいの場所によっては難しい場合もあるでしょう。そんな人にまず大切にしてほしいと思うのは、「正確な、癖のないクラシックバレエをきちんと習ってきた先生に教わること」です。

もちろん、宝塚受験は声楽や面接もあるのでバレエだけが重要なわけではありません。でも、バレエをきちんとやっているとまっすぐ立つことができるようになり、姿勢や身のこなしが美しくなります。そうすると腹筋に力が入ってお腹から声が出るようになるので、声楽にも役立ちます。教室ではジャズダンスの練習もしますが、やはり基本はクラシックバレエ。その上で、宝塚のことをわかっている先生がベストでしょう。

バレエの振り付けはとてもデリケートで、指先の表情ひとつひとつで感情を表現します。それに比べて、宝塚は劇場が広いこともあってオーバーアクション。オペラ歌手は悲しい歌を歌うときは悲しい顔をするけれど、宝塚では悲しい歌でも口元は笑顔。そのかわり、目で悲しさを表すんです。

宝塚出身の人が講師のスクールもいいと思いますが、踊りのレベルは人によってさまざまです。ただ、本人は踊りがさほどうまくなくても、教えるのがうまい先生もいますし、経歴だけではわからないこともあります。

基準はいろいろありますが、親御さん方に話を聞くと、最近は音楽学校への合格率を気にする人が多いみたいです。バレエも歌もなーんにもやったことがなければ、受験スクールは必要なことを少しずつ教えてくれるから、そういう意味では効率がいいのかもしれませんね。でも、受験スクールには行かず、バレエだけ習って受験する子も多いですよ。

川路の教室のスケジュールは、月曜日と火曜日は勉強する日ということでお休み。水曜日と日曜日は全員参加のお稽古。金曜日は、バレエの初歩をもう一度学ぶクラス。木曜日と土曜日は少しレベルの高いクラスです。バレエを土台として、声楽、滑舌・早口、面接、立ち方・歩き方のレッスンなどをしています。また、技術だけでなく、お稽古場のみんなや家族とコミュニケーションを取ることも大切だと思っています。

お稽古の時間に何をやるかは、事前にあまり細かく決めないようにしています。おおまかな段取りと、今日は面接練習と言葉遣いのレッスンをしようとか、感情表現を大切にしよう、バーレッスンを丁寧にしようとか、ポイントだけ決めておきます。その日によって全体のコンディションが違うので、みんなの顔を見ながら今日は何をするべきか決めていくんです。

何にどのくらい時間をかけるかも厳密には決めず、全員が身体の軸を感じて回れるまでやろうとか、疲れたからそろそろ面接練習にしようとか、みんなの集中力と体力・気力をみて、切り替えながらやっています。どの時間に何をやるかきっちり決まっている教室が多いので、珍しいスタイルかもしれませんが、川路ではそのようなメリハリのあるレッスンを大切にしています。

学業第一だからお稽古は週一回という子もいますが、バレエは三日も経てば体が忘れてしまうので、本当は、毎日コツコツ努力するのが理想です。そういう意味でも、一番大事なのは「大好きな先生に習うこと」。相性のいい先生を見つけられれば、もっともっとお稽古がしたいと思えるようになります。

反対に、見学に行ってみて、この先生なんか嫌だなとか、この先生の言っていることは違うんじゃないか？と少しでも思うようなら、やめておいたほうがいいでしょう。

最初に学ぶのは礼儀作法

川路の教室には「これをしちゃダメ」というような厳しい規則はありません。同じ教室に通う上級生の姿を見て、みんな自然と礼儀作法を学んでいきます。そんななか「お約束ごと」として大切にしているのは、例えばこのようなことです。

- 出欠の届けをきちんと出すこと
- レッスンは二〇時四五分には終わるので、親子で帰る時間を約束すること
- お月謝のお札は綺麗なものを向きを揃えて入れること
- 目上の人には「ごめんなさい」ではなく「すみません」と言うこと

どれも細かいことですが、社会に出るうえでも大切です。お札に関しては、たまに「毎月銀行で新札に取り替えるのが大変なんです」と言う親御さんがいらっ

しゃいますが、なにも銀行に行ってくれという話ではありません。そうではなくて、お月謝を出す日は決まっているのだから、一週間前くらいから、ちょっと綺麗なお札があればレッスン代に取っておこうと意識して暮らせばいい。同じお金でも、スーパーで回ってきたくしゃくしゃのお札をばらばらの向きで渡すということは、お稽古に対しても、その先にある宝塚に対しても敬意がないということ。人に気持ちを伝えるためには少しでも行動で表すことが大切ではないでしょうか。

このほか、川路では高三の子はみんなの連絡など取りまとめをしてもらうことにしています。レッスンも勉強もあるなかで、さらに何十人もいる生徒たちと連携を取ってうまくやっていくのは、大人でも大変なことです。それは重々承知のうえで、あえて責任ある立場を任せるのは、「自分のことだけでなく、自分以外の子のこともできて初めて一人前」と思うからです。それに、集団をまとめる力は、大所帯の宝塚の世界で必要になる能力のひとつ。私以外の先生とのやりとりも含め、早いうちから大人のマナーと責任感を身につけてもらいたいという気持ちで五〇年近く続けている、川路の伝統です。

誰だってはじめは挑戦者

バレエも歌もピアノもなーんにもやったことがないけれど宝塚に入りたい、という子は今までたくさん教えてきました。よく聞かれるのは「いつから本気でレッスンすれば受験に間に合いますか？」ということ。その人と家族次第ではありますが、川路では一年間のレッスンで合格した子はたくさんいます。受験まであと半年だったとしても、「やる気さえあればなんとかなる」と伝えています。

技術面で何もできない子には、バレエの初歩の初歩から教えます。バレエはすぐにうまくなりませんし、きちんとやろうと思うと五年一〇年かかるのが普通。でも焦らないで、まずは怪我しない体を作ることから始めましょう。

クラシックバレエの基本はなんといってもバーレッスン。バーレッスンは、体に「まっすぐ立つこと」を教えてくれます。背骨が伸びると、一センチ背が伸びます。一センチ背が伸びると、そのぶん視野が広がる。いい音楽に合わせて踊ることで想像も膨らむし、指先まで大事に自分の体を使えるようになります。

経験者も未経験者も入り混じる教室ですが、レベル分けは基本的にしていません。同じクラスに上手な子がいると、他の子はそれを見て覚えられるからです。それに川路では「生徒同士が教え合う」という伝統があります。わかる人がわからない人に教えると、自分も勉強になるし、責任感も育まれるので、どんどんやってもらいます。教え方というのは難しいもので、「この子はきちんとわかっていて教えているな」という子もいれば、「そんな教え方じゃダメでしょ」と私が割って入ることも。教えられる子はもちろんですが、教える子のほうこそ、自分を成長させる大きなチャンスになるのです。生徒同士で教え合うというとよく驚かれるのですが、助け合ってお互いを勉強の材料にするのは、宝塚の舞台とも通じることだと思います。

声楽は、外部の先生に来ていただいて定期的に指導してもらっています。基本の教科書はソルフェージュ、コールユーブンゲンなど。初心者にとっては、音程を取るのがなかなか難しいです。先生はいつも、「ラ」の音を出してみて、と言います。どうしてかというと、宝塚の開演前、オケボックスにいる人はみんな「ラ」の音で楽器の調律をするから（観劇の際、ぜひ注意して聴いてみてください）。身の周りの音がどの音階か意識して生活すると、音感は飛躍的にレベルアップします。救急車の「ピーポーピーポー」という音を聞いても音階がわかるようになるといいですよ。

　肝心の歌唱力を鍛えるには、やはりお腹から声を出してたくさん歌うのが近道です。スターさんが受験前、宝塚の武庫川の土手で歌っていたとか、そういう話もよくありますね。川路の生徒のなかには、ご近所迷惑にならないように、消音器のようなグッズを使って家で歌っている子もいるみたいですよ。バレエと違って、生まれてから一度も歌ったことがないという人はいないはずなので、あまり気負わずに、楽しんで練習してください。

　とはいえ「音楽学校」「宝塚歌劇団」という名の通り、正確に音を取れて、しっかり歌えないと困ります。しかも宝塚の舞台では踊りながら歌わないといけませんから、うまい人でもなかなか難しく、身体能力の高さは必須です。踊れる人は歌ってもリズム感があるので、そういう意味でもやはりバレエは大切です。

よその受験スクールでは、受験資格がなくなれば辞めてしまうのが普通なのだと思いますが、川路では宝塚受験が終わったあともレッスンを続けて、次に受ける子のサポートしてあげたいという子が多くいます。学校の勉強とレッスンの両立など、自分も悩んでいたからこそ「大丈夫だよ、私もこうだったよ」という経験を話すことができる。理想的な関係性です。

年に一度は全員で「杉並洋舞フェスティバル」などの合同公演に出演することにしています。宝塚の世界はトップスターがいて、二番手三番手がいて、脇役がいて、それで成り立っているという幅の広さがすばらしい。でも、受験生ひとりひとりの力はプロには全く及ばないので、発表会に出るときは主役を立てず、必ず群舞をやります。実は群舞ほど難しいものはないし、みんなで協力することを覚えてほしいから、そこはこだわっているところです。実はこれまでに宝塚大劇場で一回、バウホールでも五回、発表会をしたことがあるんですよ。

観客として見ていると、素人の子が一生懸命踊っている姿はとても胸を打つもの。一人だけ上手でも意味がありません。群舞は形ではなく、心が揃っていないとダメなんです。川路の群舞では全員に手拍子をしていただいたり、客席と一体になって異様なほど盛り上がります。

女ばかり四〇〇人もいる宝塚の世界も、コミュニケーションをきちんと取れる人であることはとても重要です。技術はやればやるだけうまくなりますので、あまり心配しなくても大丈夫。お稽古だけでなく、家族や友人など身近な人ときちんと会話をして、気持ちを伝え合う練習も大切です。

悩みとのつき合い方

レッスン中、思うように体を動かせなかったり、抱えている悩みが溢れて泣いてしまう子はよくいます。そういうときは、「はーい泣け泣け、みんなティッシュ持ってきて！」と言って、基本的には放っておきます。そして落ち着いてから、きちんと話を聞くようにしています。

ひととおり話を聞き終わったら、私はいつも「辛いことは一旦神様にお預けしてみよう。冷静になったらまた下ろして、自分で考えるのよ」と言います。

悩む子はみんな、すぐに悪いことを想像してしまう癖がついています。「もし失敗したら……」「もし」「もし」「もし」って。

でも、私はそういう人生は嫌い。一事が万事「もし」なんて考えていたら、危なくて外も歩いていられないでしょう。「もし宝塚に落ちたら」なんていうのも、落ちたときに考えればいいこと。なにもかもすぐに解決しようと思わずに、階段を上って踊り場で一呼吸して、周りを見てまた階段を上る。一段一段上っていけばそれでいいのです。

でも、厳しい宝塚受験の渦中にいる子どもたちが、そう簡単に思えないのは当然のことですよね。まだ揺れやすい一〇代の子が大きな挑戦をしようとするのだから、気持ちが思うようにコントロールできないのは普通のことです。だからこそ、そんなときに一人でこっそり泣くんじゃなくて、お稽古場のように泣ける場所があるのはいいことなんじゃないでしょうか。

川路は特に初心者だらけのお稽古場ですから、ダンスも声楽も、技術的な壁にぶち当たることはもちろんあります。上達のコツは、明確な目標を持って一回一回のレッスンを受けること。私はレッスンの前に必ず「今日は何に注意するの？」と聞きます。ひとりひとり聞いてみると、意外とみんな目標は持っている。そうでない子には、「今日は明るくいこう」「プレパレーション（準備）だけはしっかりね」というふうに言います。どんな芸だって、いきなり全部できることはありませんから、ひとつひとつできることから地道にやりましょう。

でも、先生につかず自分流に練習するのはおすすめしません。変な癖がついてしまうし、発声にしても、口の開け方ひとつにしても、宝塚は独特。クラシックバレエはある程度世界共通だと思うけど、見よう見まねでやると怪我のリスクもあります。

お稽古では面接の練習もするのですが、以前、端で縮こまっていてなんにも喋れない中三の子がいました。喋ろうと思うと声が出なくて、それで泣いているわけ。みんな最初はそんなもので、人前で喋るのが苦手だと言います。特に最近は時代なのか、自己表現が苦手な子が増えてきています。克服するには、とにかく場数を踏むしかありません。お稽古場ではその子のために五分も待ちませんから、本人が少しずつ勇気を出してくれるのを見守っています。

お稽古以外では、学校での人間関係に悩んでいる子も多いですね。みんな、周りが自分をどう見ているのかすごく気にしています。私はいつも、「大丈夫、誰もあなたのことなんて見てないよ」って言うんです。大人になるにつれよくわかってくるのですが、本当に、こちらが思うほど人は他人を気にしていない。

それに、人の目を気にしてしまう最大の理由は、実際にどうかということ以前に、自分の意見をはっきり持っていないことだと思うのです。家庭でも学校でも、話し合いの場を意識的に持つことをおすすめします。

家族についての悩みもよく聞くところですね。そのなかでも、中学生から高校生の女の子は、ほとんどがお父さんとの関係に悩んでいます。ある教え子は、お稽古を始めた当初は「お父さんのことが大嫌い」と言って、話をしようともしませんでした。でも、川路では「家族とコミュニケーションを取りなさい」というのがモットー。だから彼女には、「嫌い」と「感謝」は違うでしょ、と言ったんです。「無理に好きになる必要はないけれど、嫌いでもありがとうって言えるはず」って。それから感謝の言葉を口に出すようになったら、不思議なことに、いつの間にか「嫌い」を忘れてしまったらしいのです。嘘みたいだけど本当の話。彼女も今ではお父さんと大の仲良しだそうです。

いろいろな悩みがあるというのは、視点を変えると、人間としてはとても豊かで、個性や魅力に繋がることなのかもしれないとも思います。

でも、宝塚音楽学校は世界にひとつ。大学に入りたいといったら何百もの選択肢がある。宝塚を選んだ時点で揺れ動いているような余裕はありません。厳しい夢を追う以上、多少のことは我慢しないといけないということを肝に銘じておいてください。

スターになった教え子たち

思い出深い教え子はたくさんいます。一番は、元星組トップスターの湖月わたる。川路の教室には一三歳くらいから、片道二時間三〇分もかけて通っていました。彼女はとにかく負けん気が強くてお茶目。子どものときから背が高く、すらっと手足が長くて綺麗な子でした。体はバリバリに硬くて、最初はバーレッスンをしても足を上げて持てなかった。でも勘が良くて努力家なので、上達は速かったですね。いつも鼻の穴がふくらんじゃうくらいがんばってました。

笑うとすごく可愛くて、誰とでも打ち解けられるのでどんどん人が集まってくる。マメなタイプで、東京公演があると必ず「東京に帰ってきました。いま車の中なんですけど、一回公演の日にご挨拶に行きます」とか、「舞台も取材もすべて終わったので、今日宝塚に帰ります」とか、律儀に電話をしてくれました。彼女のことを言葉で表すなら、まじめで、素直で、努力家で、表裏がなく、人のことを思いやる心の持ち主で、責任感があり、おちゃめで、なにしろ明るい！
一三歳のときから今までずっと変わらない「わたる」なので、私が死んだときのために葬儀委員長に任命しています。

元宙組トップスターの大空祐飛は、わたるとは違って、黙々とレッスンしていたおとなしいタイプ。「努力家で勘がよくおおらかで、笑うとすごくかわいい子」という印象でした。一生懸命まじめにレッスンしているときと、冗談を言って笑っているときとのギャップがすごく素敵でした。秘めた魅力という感じでしょうか。研究科三年生くらいのとき、男役の踊りを追求したいからと終演後にレッスンに来て、遅くまで練習したことも。
芸名を決めるとき、「イメージにすごく合っているね」と言ったのを覚えています。トップになるまでの道のりは少し長かったかもしれないけれど、どんな役でもいつもいい芝居をしてくれていて好感度抜群、嬉しく思っていました。

元星組トップスターの柚希礼音は、関西の有名なバレエの先生からのご紹介があり、受験生としてではなく音楽学校に入ってから、同期と一緒にレッスンにやってきました。ファンの方はご存知の通り、あのダンス能力は本当にすごいです。

にもかかわらず、一番最初お稽古に来たときは思いっきり脚を上げなかったので、「やれることをやらないならレッスンする意味がない！」とカツを入れました。そうすると、次は耳の横までビューンと脚を上げてきた。ピケターン（床に軸足を突き刺して回転する技）で稽古場を一周するときも「ダブルを入れて回れ！」と言ったらほとんどダブルで回りきったチエ（柚希）でした。「それをなんで最初からやらないの？　みんなの手本として見せてくれたらすごくいいのに！」と怒ったのを覚えています。

最初は照れ臭かったのかな。私も宝塚に入ったあとよその教室に行ったりすると、全力でやるのが何か恥ずかしいと思うことはあったので、その気持ちはわかるんです。頑固だけど甘えん坊の男の子みたいなところもあって、みんなに愛されていました。

月組トップスター（二〇二〇年一月時点）の珠城りょうは、愛知県から夏休みの一カ月、教室でお泊まりしながら「あれもこれも、しっかり覚えなくては！」という意気込みで、大汗かいてすごいガッツでレッスンしていました。当時、地方在住のレッスン生たちには四人までお泊まりしていいよと言っていたんですが、ある日、他の子が来られなくなって彼女一人になってしまったんです。いつもはみんなで近くのスーパー銭湯に行かせていたのですが、一人じゃちょっと心配だったので、私の家のお風呂に入っていいよと言いました。あとにも先にも、うちのお風呂に入った生徒は一人だけ（笑）。短期間の集中レッスンなので本人も大変だったと思うけれど、とってもまじめに、夢中になってお稽古していました。

花組男役として活躍している瀬戸《せと》かずや。彼女もまったくの初心者から始めたのですが、素直ながんばり屋で、いつも汗だくになってお稽古していましたね。スーッとした少し大人っぽい魅力のある子でした。本人も宝塚が好きだったけれど、お母さんが熱狂的な湖月わたるファンで、音楽学校の二次試験の日、宝塚ホテルの私の部屋に一次合格者が集まると、こそこそっと抜けようとするんです。

「どこに行くの」「湖月さんの出待ち行ってきます！」「ちょっとやめなさい、まだこの子たち試験中なんだから、今日だけは我慢しなさい！」って（笑）。宝塚に行っている間、隙をみてはわたるのファンクラブのジャンパーを着て出待ちと入り待ちするのが可笑しかった。本当にいいお母さんなんです！

　雪組男役の透《とう》真《ま》かずきも、とってもまじめにお稽古していて印象的でした。日舞とお芝居がすごく上手で、笑ったときの口元がとってもかわいい子。彼女がいると場の雰囲気が明るくなるし、頭が良くて気遣いができて、本当に誰からも好かれる人でした。宝塚に入ってからは、いぶし銀のような魅力のある男役になったなぁと思います。人の上に立てる思いやりを持った人なので、ぜひ長く宝塚にいてほしいですね。

　宙組男役の瑠《る》風《かぜ》輝《ひかる》も、熱心にお稽古していた生徒のひとりです。自己主張の激しいタイプではなかったけれど、できることをひとつひとつきちんとやっていくまじめさがありました。歌も踊りも癖なくシンプルで、何色にでも染まれそうな素直さが、宝塚の求めるものにぴったりだったのでしょう。でも、「もえこ」ちゃんの愛称のとおり、内面にはとても熱いものを持っている人だと思います。メラメラと燃え上がるために、「風」があり、真っ赤な炎が「輝」きつづける！という芸名通りのイメージで、今後ますますの活躍に期待しています。

もえこちゃんの同期、花組男役の峰果《みねか》とわ。一度目の受験では悔しい思いをしたユカ（峰果）。結果発表後初めてのお稽古では、私の顔を見た途端、大粒の涙をジャーッと流しました。それだけでなく、しゃっくり？　過呼吸？と心配するほど、思いっきり泣いていました。でも、一〇分後に私が「さぁ来年に向かって今からレッスンするぞ！」と声をかけると、ピタッと涙を止めて、かわいい笑顔（涙の跡は消えてない……）でやる気の顔に変身したのです！　こんな人は初めてでした。心根がまっすぐで、本当に素直。そういえば受験前日、みんなのために作ったスープを三杯もおかわりした人は、あとにも先にも彼女だけです。それも、鼻水をすすりながらね（笑）。とってもいい子です！

それから、月組男役の夢奈瑠音《ゆめなるね》。彼女はわたるとちょっと性格が似たところがあって、「今度はこんなお役をいただきました」とか、細かく連絡を入れてくれるの。最初レッスンに来たのは小学五年生だったのですが、とにかくまじめ。どんな声だったか思い出せないくらいおとなしく、目だけが物を言う目力のある子でした。中三受験の一発合格だったから、「こんなにおとなしくて音楽学校で大丈夫かな？」って心配したくらいです。かわいい顔立ちだし娘役が似合うんじゃない？と言っていたんだけど、「絶対男役がいいです」と言い続けて、そういうところは頑固なのね。おとなしそうに見えて、芯がしっかりしているところが魅力的だと思います。

なんだか男役ばかりになってしまったのは、私が男役だったからでしょうか？娘役に進んだ人はもちろん、宝塚には入らなかった人も含め、大切な教え子は数えきれないほどです。それぞれの場所でみんなが活躍してくれるのが、この仕事をしている最大の喜びです。

先生は「ふつうの人」がいい

川路の教室では、元タカラジェンヌではなく、いい意味で「ふつうの人」が教えるというのがポリシーです。指導者として教室に戻りたいという宝塚の卒業生はこれまでたくさんいましたが、「ダメ。元宝塚の人には教えさせないことにしているから、生徒としてレッスンしにおいで」と言います。

理由は、「元宝塚」の看板をぶらさげて仕事をするのが好きじゃないから。私も自分から「元宝塚です」と言ったことは一度もなくて、職業を聞かれるといつも「バレエを教えています」と言っています。

宝塚出身じゃない先生の何がいいかというと、まずとっても人間的。芸事以前に、人間として尊敬することがとても多いんです。

Y先生は一番つき合いが長くて、川路の一〇周年の舞台に出ていた教え子です。長い間、結婚してもずっと休まずレッスンに来ていました。熱心な宝塚のファンで、某ファンクラブの代表スタッフをやっていたほどです。そのご贔屓の生徒さんが卒業後スタジオを開いたから、てっきりそっちに行くのかと思ったら「行きません」って。そのまま気がついたら川路に四三年。

発表会では「このメンバーだからこの曲でこの衣装じゃないとダメ、この子たちに一番合うことをやろう」というふうに内容を決めていくのですが、彼女とは、それについての意見がいつもぴったり合うんです。バレエを私以外の先生から一度も教えてもらったことがないので、もっと視野を広げたほうがいいと何度も言ったんだけど、「私は川路先生だけでいいです」って。とても責任を感じたけれど、嬉しかった。

そこからは、いろいろなことを勉強してもらいました。特に、川路群舞は構成次第で踊りが上手にも下手にも見えるので、四小節でどこまで出てきて、どこから次の人が出れば舞台が空かないか、斜めの列から次への移動の仕方などなど……。発表会では、どんなにできない子でもみんなの顔が見えるようにしよう、というのが私の考え方。そういうことをきちんと受け継いでくれているのが彼女です。

二〇年近く川路でレッスンしてくれているN先生も元教え子です。

彼女はお姉ちゃんが宝塚受験に一発合格して、それも成績上位者。自分は中一からレッスンを始めて、中三から高三までの四回全部受験して、全部落ちてしまった。辛かったと思うけれど、それでも学校の成績も落とさないし、バレエも絶対に休まない人でした。お稽古場の掃除も、なんとなくするのではなく、きちんと物をどけてその下まで綺麗に拭くような子。

高校を卒業したあとは医療系の仕事に就きました。二四時間人のために働く、大変な仕事です。でも自分を犠牲にしてでも人のために動ける彼女にとっては天職だと思います。生きるか死ぬかの人への処置を瞬時に判断して指示を出して、その帰りにまたお稽古に来ているのは、本当にすごいと思います。お稽古中に誰かが貧血や過呼吸になるようなことがあっても、冷静に処置してくれるから本当に安心です。

宝塚受験に落ちると、もうその世界は見たくないという人は多いです。でも、彼女は辛さをバネに、もう一歩前に進める明るさがある人。自分の経験を生かして、子どもたちの心に寄り添った指導をしてくれます。

基本的にはこの二人が私の右腕・左腕として支えてくれているのですが、もうひとり、ゆーゆという先生がいます。最初に「元宝塚の人はダメ」と言いましたが、実は彼女は例外で、二〇一五年まで舞園《まいその》るりという芸名でタカラジェンヌとして活躍していました。

ゆーゆは川路で四年間みっちりバレエ・ジャズ・タップ・歌、休まずレッスンを続けて、高三で宝塚に入れていただいた、すごい努力家で根性のある、勘のいい人。退団後は、一〇〇年以上続いているご実家の幼稚園に、ご両親の片腕となって勤めています。わんぱくで可愛らしい子どもたちと毎日過ごしているので、とっても暖かい眼差しを感じるご家族です。いずれは幼稚園でしっかりバレエを教えられるゆーゆになって、孫弟子を増やしてくれるのを楽しみにしています。

他にも、外部から来てくださっている声楽の先生は三〇年のつき合いですし、いろいろな方にお世話になっています。みんな、とっても素敵な人たちばかり。お稽古に来ている生徒たちには、「宝塚」という特殊な世界だけではなく、一般社会で社会人として素敵に生きている大人からもいろいろなことを学んでほしいという思いがあります。

私自身はお山の大将というか、感性で生きているので、周りの人たちには苦労をかけているなと思います。それでもついてきてくれる先生たちには、ほんとうに感謝しかありません。

第3章

宝塚受験の心得と実践

受験資格「容姿端麗」に思うこと

宝塚音楽学校の募集人員は毎年女子約四〇名。応募資格は受験年の四月一日に一五歳から一八歳、受験時（三月）に中学卒業～高校卒業学年であることと、「容姿端麗で、卒業後宝塚歌劇団生徒として舞台人に適する方」とあります。

舞台人への適正はやってみないとわからないところもあるとして、この「容姿端麗」に自信を持てない人もいるのではないでしょうか。

「容姿端麗」は辞書で引くと「顔や姿が整い、美しいさま」。漠然としているからこそ、この基準を気にかけている受験生はとても多いです。

でも、川路では絶対に無理なダイエットはさせないことにしています。思春期は体重や体型が変わりやすいデリケートな時期。少し太めの子がいたとしても、「きちんと食べて、レッスンして痩せましょう」と言っています。

たとえば二一時以降は食べるのを考えて、炭水化物を抜いてみる、野菜中心の食事にしてみる、というようなことはいいと思いますが、食事を抜くのは絶対にダメです。この年代は将来に向けてしっかりした身体をつくることが一番。無理なダイエットをしてひっくり返ってしまえば全く意味がありませんからね。娘の食生活に付き合っているうちに、お父さんやお母さんもずいぶんスマートになった……というのが理想です。

ただ、だからといって「ありのままでいい」というわけでもありません。お金を取って自分を見てもらうプロになるわけですから、容姿に関しては、大いに気にするべきだと思います。スタイルはたしかに重要ですが、痩せている＝綺麗ではありません。「容姿端麗」の基準は人それぞれ違うかもしれませんし、食事も関わってくることですから、まずは家族できちんと話し合うといいと思います。

心配しなくてもまだ子どもなので、雰囲気はどんどん変わっていきますし、高二高三でみんなグッと綺麗になります。ネガティブに考え過ぎず、夢を与えるタカラジェンヌになるために、どういうふうに自分を磨くかというふうに気持ちを上げていくこと。自分がどういうタカラジェンヌが好きか、それに近づくにはどうしたらいいのか、ということを考えられる人は素敵ですね。

無理なダイエットをして、貧血を起こして倒れ、生理が止まってしまった子は何人も知っています。川路の教え子でも、別の教室では「四〇キロ前半にしないと受からないから、絶対に落として」と言われたとか。

でも、そんなのはありえません。成長期の体に無理をさせれば、その歪みは一生残ってしまうもの。そういう心配をしないままに痩せろ痩せろという教育者はどうかしていると思います。私は甘いのかもしれないけれど、ちょっとくらいふっくらしてたっていいじゃない、と本気で思っています。舞台に立つようになれば体力も気力も使うんだから、おのずと痩せていきますしね。

とはいえ、いくらダメだと言っても無理なダイエットをする子はいますから、本当にあった怖い話をひとつ教えましょう。昔の教え子で、意志がしっかりしていてバレエもよくできる子がいました。でも、少し太めだったんです。

その子はそれをすごく気にして、痩せるために、とても過激なダイエットをしました。木更津から二時間三〇分もかけてお稽古場に来ていたので、道中で倒れたり、駅で動けなくなることもたびたび。そんなこんなで受験の直前になって、脚にケロイド状の傷ができてしまったのです。脂肪が急になくなったことでひび割れがおきて、水ぶくれまでできていました。

その子のお母さんには「マッサージをして、リンパの流れと血流をよくしてあげて」と言って、一生懸命綺麗に戻そうとしたのですが、受験までには治りませんでした。さらに運の悪いことに、その年から、受験時にタイツを着用してはいけないという決まりができてしまったんです。その子はひび割れた足のまま受験会場へ。そのせいなのかはわかりませんが、最後のチャンスだったにもかかわらず、一次試験にも通らず終わってしまいました。顔立ちも綺麗で残せそうな子だったのですが、痛々しかったです。

中学高校というのは、人生にとって一番大事な時期と言っても過言ではありません。そんな時期に食べたいものを制限したり、威圧的に何か言われてやる、というような経験をさせたくない。もっとのびのびとした環境で、「こっちがいいかな」「やっぱりこのやり方がいいかな」と、自分のしたいことを選んでいく時期にしてほしい。社会に出たらそれはなかなか許されないことです。だからこそ、この時期にどれだけ自分の感性を大切にできるかが、のちのち「容姿」にも表れる大きな魅力に繋がっていく……というのが私の考えです。
ダイエットはくれぐれも慎重に。まず大切なのは健康体であることです。

願書の書き方

願書は毎年一一月ごろ、宝塚音楽学校のホームページから取り寄せるか、宝塚グッズ専門ショップの「キャトルレーヴ」、全国書店でも購入できます（取扱店は宝塚音楽学校のサイトを参照）。学校案内、入学案内、歌唱試験課題曲楽譜、入学願書、試験概要、健康診断票、受験料の払込用紙、受験票返信用封筒がオリジナルクリアファイルに入って、一部二〇〇〇円（税込／二〇二〇年度時点）。安いものではありませんが、念のため二部購入する人も多いようです。

入手したら、いきなり書き始めてはいけません。まずコピーして練習用の下書きをしましょう。

川路の教室ではまず自由に書いたものをチェックするのですが、このとき、簡単なようでできていないことがたくさんあります。

まずは「字をていねいに書く」こと。こんなことは言わずもがなですが、やはり一番大切なところです。特に数字は癖のある字を書く人が非常に多いです。字に癖があると、性格もストレートではないという印象につながりますので、子どものときにやったドリルのお手本のような数字を心がけてください。

字があまり得意ではない人も、「一生懸命書きました」というのが伝わるように、人様に気持ちよく読んでもらえる字を心がけましょう。たとえば、字の大きさや字の位置を揃えること。国語の書き方では最初の一字を下げると習っているでしょう、そういうふうに統一して綺麗に書いてみるのもいいですね。細かいことですが、「〜だと思います」を、「〜だと思／います」と変なところで改行したりすると、読む側は気持ち悪いです。

次に多いのが、「誤字・脱字」。よくあるのが、「声楽」を「声学」と書いていたり、「群舞」を「郡舞」と書いていたりすること。これはもう、はっきり言って恥ずかしいです。家族に細かくチェックしてもらうようにしてください。それと、身長や体重はどのみちあとで計測があるので、サバを読まないこと。

基本的なことがしっかりできているかどうかは、願書でも試験でもよく見られるところですので、決して気を抜かないようにしてください。

レッスン歴・クラブ活動・特技・受賞記録など

すべて本当のことを書けばいいのですが、だからといって何から何まで書く必要はありません。書く前に、自分が何をアピールしたいのかをじっくり考えましょう。「運動神経があります」ということをアピールしたいのであれば、バスケやバレーなど、部活動で全国大会に出たというようなことを。

ほかにも書道の段など、何か資格があれば書いておきましょう（そう書いているのに字が汚かったらだめですよ）。もちろん、バレエや合唱のコンクールで優勝したことを書く子もいます。白くしておくよりは書けることをぎっしり書いたほうがいいと思いがちですが、それが全部三位とか五位では意味がありません。コツは、面接官が見て「すごいな」と思ってもらえるようなことだけを書くことです。なければないで空けておいて構いません。

その他（自己アピール）

この欄は、やはり「宝塚が大好きです！」と書く子が多く、似たり寄ったりになりがちです。宝塚は伝統を大切にするので、親子代々ファンなどというのは基本的には喜ばれますが、肝心なのは書き方です。

たとえば「祖母も母も宝塚が好きで……」ということを書くにしても、どうせなら「お腹の中にいるときから宝塚を見てました」と書くなど、表現を工夫してください。面接のときに「初めて見たのはどんな作品だったか覚えてる？」と聞かれたら「お腹の中だったから覚えてません！」と言ってニコッと笑えば印象に残るでしょう。コツは、自分が質問者側になって考えること。思わず質問したくなるような書き方を心がけるといいですよ。心を込めて、印象に残るような言葉で書きましょう。

芸能活動歴

モデル経験など、特筆すべきことがあれば書けばいいけれど、なければ気にせず白いままで大丈夫です。

家族記入欄・親権者記入欄

こちらも本当のことを記入すればいいだけです。家族のなかで一番字の綺麗な人に書いてもらうといいでしょう。

写真

願書に貼り付けるのは、バストアップの写真と全身写真の二枚です。願書提出の三カ月以内に撮影された写真と決められています。最近は履歴書専門のスタジオがたくさんありますので、好きなところで撮って構いません。

バストアップの写真を撮るとき、最近の写真屋さんは、顔をすっきり見せるために斜めに立たせるところも多いようですが、私はまっすぐ目線をカメラに合わせたほうがいいと思います。まっすぐでないと、本当の顔や輪郭がわからないから。面接でずっと斜めを向いているわけにもいきませんし、願書にも「正面を向いた姿勢」と明記されています。

全身写真はどんなポーズでもOKです。川路の教え子にもいろんな子がいました。制服を着てまっすぐ立っている子もいれば、手を組んでバレエのポーズのように決めている子もいる。これも、特に決まりはありませんので、自然体がいいですね。バストアップ同様に「正面を向いた姿勢」で、服装も自由です。

一大勝負である宝塚受験、少しでも良く写りたいと思う気持ちはわかりますが、受験同様お化粧は禁止です。今は技術が発達しているのでなんでもできてしまいますが、フォトショップなどの加工修正も控えたほうがいいでしょう。面接で写真とのギャップにびっくりされると逆効果です。それに、完璧な人なんてめったにいないのだから、欠点はむしろ堂々と出したほうがいい。「欠点があってもいい」と言っていただければ最高だし、「欠点があるからダメ」と言われれば、自分の行く場所ではなかったのだなと諦めるしかありません。

いずれにせよ、自分を隠し通せる人生なんてあまりないと思いますから、小手先でごまかすのではなく、明るく楽しく「一生懸命学業とレッスンに励み勉強してきました！　受験させてください！」という表情をしているのが一番です。

写真を撮られるときのコツは、ナーバスにならず、楽しいことを考えることです。「今日のご飯何食べようかな」とか、「帰ったら宝塚のDVD見よう」とか、身近な楽しみを思い描きましょう。

さあ、これで願書は完成！　記入漏れのないよう、ご家族にきちんと見てもらってください。その他入学案内に記載の提出書類と一緒にして期間内に送りさえすれば、一次試験は必ず受けられます。

受験の準備

宝塚受験は毎年三月下旬ごろに行われます。試験当日の持ち物で、学校から指定されているのは以下の通りです。

- 受験票
- バレエの稽古着
（黒のレオタード丸首七分袖／トリコット・ベロア・スカート付レオタードは禁止）
- ピンクバレエシューズ
- タイツ（ピンク、フータータイプ）
- 防寒着（ジャージ、カーディガン等）
- スリッパ
- バッグ（衣料携帯品を入れる）

・昼食（必要に応じて）

まず受験票は、願書受付の際に簡易書留で発送されますので、受験の日まで大切に保管しておいてください。

レオタードは、「チャコット」などのバレエ用品店で売っていますので、指定通りのものを用意してください。ただ、既成のものはきちんとサイズが合っていないと、腕のあたりにシワが寄って少しだらしなく見えることがあります。余裕があればで構いませんので、自分の体に合わせてオーダーするのもおすすめです。胸元の開き具合もいろいろですが、川路では「開きすぎず詰まりすぎず」が一番品があっていいと教えています。

バレエシューズは布のものよりも、全革か前革のものが一番綺麗に見えると思います。あとは、前がバッテンになっているバレエシューズを履く子が多いけれど、甲が綺麗に見えないから私はあまりおすすめしていません。いずれにしても、履いていて気持ちよく踊れる、自分の足に合ったものを選ぶこと。本番用と予備とで二足あったほうがいいですし、練習でも履き潰すので、この準備は早めにしておくに越したことはありません。

タイツの色はピンクならなんでもいいので、ロイヤルピンク、ベージュピンク、オレンジっぽいものなど、自分の肌の色に合わせて選ぶのがいいでしょう。たとえば、地黒の人は薄いピンクのタイツを履くとグレーっぽく見えてしまうので、ベージュ系のピンクを選ぶとか。伝線するといけないので、予備にもう一足持っていくようにしてください。

ちなみに、バレエシューズとタイツはぴったり同じ色にすると、一体化して脚が長く見えます。実際は全く同じ色味というのはなかなかないので難しいのですが、根気よく近い色を探してくださいね。

防寒着はジャージ、カーディガンのほか、レッグウォーマーなんかもいいですね。受験の時期はとても冷え込みますし、待ち時間が長くなることも多いので、震えて唇が真っ青、というようなことにならないように。

昼食は必須ではありませんが、試験の時間帯を見て、必要ならば、あまり体に負担のかからない軽いものを。

他に持っていくといいものは、タオル、飲み物、鏡、のど飴、目薬、髪の毛をまとめるジェル、ヘアピンや予備のお団子ネットなど。目の悪い人はコンタクトをしていくと思いますが、踊りの最中に飛んでしまったりしたら大変なので、替えを持っていくと安心です。

願書同様、受験でもお化粧は禁止されています。そうはいってもナチュラルメイクをしている子はいるようですが、わざわざルールを破るなんて言語道断です。すっぴんで勝負するのだから、眉毛は変に抜いたりせず大事にしましょう。もとの形のまま、まわりの産毛だけ少し整えると綺麗です。受験日の少し前に、自然に見えるように顔そりするのがおすすめです。言わずもがなですが、日焼け対策は万全に。中高生には体育の授業や運動会があるのでなかなか難しいのですが、とにかく日焼け止めをきちんと塗ることを徹底してください。

準備が整ったら、あとは体調を万全にして早めに寝ることです。これまで、受験前日に高熱が出た子を看病したり、歌だけ自信がある子なのに風邪で声が出なくなっちゃったり、トラブルの思い出はいろいろあります。緊張してそうなってしまうのもわかりますが、体調が悪くなる直前は、ちゃんと体の状態を感じていればわかるもの。「ここで無理したらちょっとやばいな」というような判断ができるかどうかも、舞台人には必要な資質ですよ。

一次試験●面接

一次試験は宝塚会場と東京会場（神奈川県）の二箇所で行われます。どちらを受けても構いませんが、通っている学校の都合と重なることがあるので、その年の試験スケジュールをよく確認すること。会場によって審査がすごく変わるとかそういったことはありませんので安心してください（どちらの会場も経験したことのある教え子いわく、宝塚会場の受験生はピンクや緑の華やかなコートを着ていたりするそうですが、東京会場ではみんなベージュのトレンチコートだったとか。そういう特色があるくらいです）。

まず大切なのは、「家を一歩出たときから気を緩めない」ということです。会場に向かう道中、審査員の先生と同じ電車に乗っている可能性だって大いにあります。

試験内容は、受験番号・身長体重・出身地・出身校・宝塚受験は何回目かということを言うだけの簡単なもの。試験概要には「面接」とありますが、何か質問されてその場で考えて答えるようなことは一切ありません。そういう意味でも、願書でちょっと引っかかりを作っておくのは大切なことですね。

審査内容は「容姿、口跡、動作、態度、華やかさ等、宝塚歌劇の舞台への適正」とされています。シンプルな試験だからこそ、明るくはっきり自己紹介できるかどうか、態度に品があるか、スター性があるかどうかを瞬時に見定められてしまいます。コツは、よく通る大きな声ではっきりと、口角を上げること。芸人さんで、宝塚受験生のモノマネで素っ頓狂な声で自己紹介する人がいるけれど、もっと普通で大丈夫です。

男役志望の人はリーゼント、娘役志望の人はお団子ヘアーで受験することが定番になっていますが、どちらを希望するかは、受験までに決めなくても大丈夫です。もちろん、身長は大きな分かれ目。今は男役で一六八センチは小さいと言われています。でも、小さくてもお芝居ができたり、歌ができたりして男役として活躍している人もたくさんいるし、反対に背の高い娘役も増えています。

心配しなくても、音楽学校に入ってお芝居の勉強をしているうちに、「娘役のほうがいいかな」とか、背が伸びたりして「男役もいいかな」と思うようになります。極端に大きかったり小さかったりしない限り、絶対ということはありませんから、自分に似合うかどうかのほうを大切にしてください。

現在の一次試験では、バレエを一五年やってきたバレリーナでも、歌が得意な子でもその技術を見てもらえませんから、正直かわいそうだなと思います。ただ、そのぶんレッスンをはじめたばかりの人にとってはチャンスとも言えます。

一次試験の結果は、昔は電報でしたが、今は翌日にホームページ上で発表されます。正確な数はその年によって違いますが、この一次試験でだいたい全体の半分以下に絞られてゆきます。

二次試験の前に、ホテル予約

無事に一次試験を通過したら、二次試験は宝塚会場のみ。ここから東京受験組も、憧れの宝塚音楽学校に足を踏み入れることができます。が、その前に、地方在住の受験生にとっては、ここで「何日宿を取るのか問題」が浮上します。なかなか難しいところですが、いくら記念受験でも万が一ということがありますので、余分に取っておいたほうがいいでしょう。

川路では、毎年「宝塚ホテル」さんにお世話になっています。これまでの支配人を何代知っていることか……というくらいの長いおつき合い（笑）。宴会場のロビーを借りてバーレッスンをしたり、大きい声で歌っても大丈夫なように配慮していただいています。レッスンをしたあとはきちんとお掃除をして、バーとして使った手すりの指紋一つでさえ残さないようにするのが川路の伝統です。

他の受験スクールも、近辺の「ホテル若水」や「ワシントンホテル」を団体で押さえていますので、個人でその時期に宝塚のホテルを取ろうと思ったら、かなり早めに準備しておかないといけません。

教え子の親御さんによると、宝塚ホテルを一月の段階で予約したときは、同じ部屋で連泊はできないけれど部屋を転々とするなら取れたと言っていました。けれど、毎年そうというわけではないのであくまで参考程度に。気をつけておきたいのは、宝塚受験だけでなく、そのときの大劇場公演の内容にも左右されるということ。トップさんのお披露目公演や卒業公演が絡むと、半年前から押さえられていることも充分あります。

第二候補として、大阪の梅田や伊丹空港近辺のホテルを取る子も多いです。梅田からも伊丹からも、阪急電車で約四〇分ほど。遠すぎるわけではありませんが、髪の毛のセットが崩れないように……と考えると、なかなか大変かもしれません。その年によっても、割り振られるグループによっても変わりますが、二次試験は朝八時に宝塚に集合だったりするので、やはり近場に越したことはありません。

ちなみに、二次試験でたくさん落ちるから、ホテルも直前キャンセルで取れるだろうと思ったら、案外そういうことはないみたいです。なのでやっぱり、「三次まで受かったら」という前提で宝塚のホテルを取っておくのがベスト。

地方から連泊するとお金のこともあるので、ご家庭の事情によって選べばいいと思いますが、長めに部屋を取っておいて、受からなかったら大劇場で宝塚観劇をして帰ってくる、というのも定番です。

それに、兄弟がいる家の子は特に、こんな機会でもなければ親ひとり子ひとりでゆっくり旅行することなんてないので、たとえ落ちてしまったとしても、親子で普段話せないことを話す、貴重な時間になるようですよ。

二次試験●面接・歌唱・舞踊

二次試験は二日に分けて行われます。内容は面接・歌唱・舞踊。ここが一番の山場、難関となります。順番はグループによって変わるので、何から始まってもいいように、きちんと心の準備をして挑んでください。

面接は、一次試験同様、受験番号・身長体重・出身地・出身校・宝塚受験は何回目かを言うものです。明るくはっきり、口角を上げて。

歌唱試験は、事前に発表されていた課題曲と、当日楽譜を渡されて歌う新曲視唱のふたつがあります。チェックされるのは声量、声質、音程、基礎的な読譜力。

課題曲は複数選択肢があって、最近は、可能性のある子を入れられるように「フニクリ・フニクラ」とか、歌を習っていなくても知ってるような簡単なものもいくつか入っています。無理に難しい歌を歌う必要はありませんので、自分の雰囲気やレベルに合ったものを選びましょう。

新曲視唱もさほど難しいものではありませんが、頭が真っ白になって何も歌えない……というような事態を避けるために、ある程度は楽譜を読めるよう準備していってください。

舞踊試験でチェックされるのは、リズム感、基本的な運動能力、柔軟性、洋舞の適正など。まずは音楽学校生のお姉さんが前でバレエの模範演技を踊ってくれるので、それを見て、同じように踊ります。このとき、できるだけ癖のない素直な踊りで、「きちんと基本をやっています」ということをアピールすること。もちろん技術があるに越したことはありませんが、音楽学校生として求められるのは「即戦力」ではなく「伸び代」です。多少違うところがあっても、言えばすぐ直せる素直さを表現したほうが受かりやすいでしょう。

もちろん、実力はできる限りつけておくべきです。でも八しかない実力を試験会場で一〇に見せられる人もいれば、一〇あるのに六しか出せない人もいる。本番に弱い人は、緊張すると息が止まってしまうので、呼吸を意識すること。待ち時間にもお腹を触りながら深呼吸して、いいイメージを膨らませるようにしてください。順番待ちのときはずっと体勢を維持しなくてはいけないから、固まらないようにリラックスを心がけて。

実技については、普段のレッスンをちゃんとやっていればあまり言うことはありません。ただ、「笑顔」を忘れないように。やはり試験はお稽古とは緊張感が違いますから、集中しすぎて怖い顔になってしまう人が多いようです。

本来、バレエの「飛ぶ」というのは楽しいことの表現です。始めと終わりのポーズは「見てください」という表現。ひとつひとつの動作にはきちんと意味があります。形だけを真似するのではなく、その踊りで何を表現するかを考えて動いてください。

バレエのあとはジャズダンス、という流れが多いと思いますが、ジャズダンスではバレエと違ったリズム感が求められますので、パッと気持ちを切り替えて。いずれもそんなに長い振りではないので、心を込めて楽しく踊りましょう。

二次試験の結果は、二日間の試験が終わった翌日にホームページ上で発表されます。ここで、一次試験通過者からさらに半分以下、だいたい一二〇人程度に絞られると言われています。

三次試験●面接・健康診断

難関の二次試験を通過できれば、いよいよ最終試験です。この三次試験を通過できるのは三人に一人。最後は面接と健康診断だけ……と気を緩めてはいけませんよ。一歩受験会場に入れば、ドアの開け方閉め方、歩き方、座り方立ち方も全部見られています。

ドアの開け閉めは、細かいことですが、ドアノブを押す部屋と引く部屋があるので注意が必要です。いつも教え子には「間違えてゴンッて頭打たないでね」と言っています（笑）。

歩くときはお尻をキュッと締めて、首をまっすぐ立てて肩はリラックスして落とすこと。座るときはきちんと膝を揃えてね、というのはさすがに誰でもできるんだけど、足を一歩引いて、椅子をさっと見ていいので、きちんと真ん中にお尻を乗せること。腕はリラックスさせて、脇を開かないようにしてください。手は指を開かないように伸ばして、中指を脚のラインに揃えます。

椅子から立つときの美しさも大切です。普通の子は前傾姿勢で「どっこいしょ」となってしまうので、座っているときに片方の足を一歩引いて、前に出したほうの足に体重をかけてまっすぐ立つ。それから足を揃えると綺麗ですよ。

一次、二次と自己紹介のみだった面接ですが、三次では審査員の先生方からの質問への受け答えがあり、人間性や舞台人としての適正をしっかりチェックされます。

面接で一番大切なのは話し始め。「○番、○○です」と言ったあとには、必ずニッコリと笑って質問を待ってください。そこで笑顔になっていないと、何か質問されたときにまたゼロから笑顔を作らなくてはいけなくなって、嘘くさくなります。

質問内容はそのときどきで違いますが、「二次試験はどうでしたか？」と聞かれることがあるそうです。そのときに、「楽しくできました！」なんて言うよりは、「バレエは最初の振り付けで少し失敗してしまいましたが、そのあとはポーズを綺麗に決めることを意識しました」というように、具体的なことを言ったほうがいいです。自分がどのような歌い方や踊り方をして、どのような評価を受けたか、きちんと考えているという印象に繋がります。

川路の教え子で、バレエ歴は二年と浅いけれどすごくがんばった子は、点数がいいので三次面接で「本当に二年だけなの？」と驚かれたといいます。彼女は最終試験に合格し、見事音楽学校に入学しました。

反対に、同じバレエ歴二年でも点数があまり良くなかった子もいました。三次では「どこが悪かったと思いますか？」と聞かれて、彼女は「方向が悪かったと思います」と言ったというのです。私が発表会の練習で「方向が違う、角度が違う」と言うのが頭にあったのでしょう。でも、それはお稽古場だから通じるニュアンスで、審査員に「方向」と言っても、なんのことか伝わりません。それが決め手だったかはわかりませんが、その子は不合格でした。

一問一答以外には、「三〇秒スピーチ」というのをよくやっていた時期があります。内容はなんでもいいけれど、「なぜ宝塚を目指したか」なんて話しても、みんな宝塚が好きなのはわかってるんだから、審査員からするとおもしろくないでしょう。題材選びが重要ですが、みんな簡単なものに流れてしまいがちです。例えば「うちの家族は……」とか、「お稽古では……」とか、「バレエをここまでがんばってきました」とか。そんなのは無個性すぎてアピールにもなんにもなりません。

　だからといってウケを狙っても、普通だったら恥をさらして笑われるのが関の山でしょう。でも、今までに三人くらい「最終面接で先生たちが大笑いしてくれた」と明るく帰ってきた子たちがいて、全員合格していました。度胸のある子だなという印象を与えられると、舞台向きだと思われるのでしょうね。笑いのセンスに自信のある人にはおすすめかもしれません（笑）。

　話してみると三〇秒というのは意外と長く、「私はバレエが大好きで一五年やってきました」と言ったって五秒くらいのもの。願書の書き方と同じように、話の切り取り方と構成、まとめ方を工夫しなくてはなりません。

　さきほど「バレエをがんばってきました」なんて話してもおもしろくないと言いましたが、それは題材だけの問題ではなくて、たとえば「皮がむけてトウシューズが血だらけになりました」と言えば、「じゃあ一生懸命バレエをやってきたんだね」ということは伝わるものです。審査員の気持ちになって、どんな表現をすれば想像してもらえるか、研究することです。

話を聞いてもらうコツは、一番伝えたいことを最初に言ってしまうことです。わかりやすく言うと、例えば「うちの飼い犬の話をします」と最初に話してしまうこと。そうすると、どんな犬なのかな、とまず想像してもらえるでしょう。そういった筋を立てずに自分の感情ばかりずるずる話しても、時間切れになり、「結局何が言いたかったの？」となってしまいます。

いつ何を話せと言われても、心があり、準備があり、普段からよく喋っていればそう難しいことではありません。家族や友達に協力してもらって、思いを伝える練習をしてください。

健康診断を終えれば、試験はすべて終了となります。翌日の合格発表は、音楽学校で「発表します！」という掛け声とともに、合格者（受験番号）が掲示されます。ニュースでもよく報道されていますね。合格すれば、そのまま校舎の中で入学説明会と入学手続きが行われます。

宝塚受験、その後

宝塚音楽学校では、どのような人が求められているのか？

それは時代によっても変わりますが、ずっと変わらないのは「伸び代がある子」「潑剌《はつらつ》とした子」「オーラがある子」「明るい子」と、そんなところでしょうか。元タカラジェンヌの卒業生は、川路の子たちに「『私は受かる』って思わなきゃダメでしょ！」と怒ったりもしています。私がそういうことを全然言わないので、それも大切なことかもしれないけれど、そんなことを言ってうまくなる子はなかなかいません。それに、宝塚に入って活躍している子たちも、受験生のときはさほど目立たない子だったりするので、ケースバイケースです。今は未完成でも、何か仕掛けたらポーンと跳ねるような子が好まれますので、変に受験スクール慣れしていないほうが良かったりするのです。

それに加え、前の年に入った子たちがどのような雰囲気かというのも影響します。例えば「男役でいい子はいっぱいいるから、娘役で踊れる子を多めに採ろうかな」とか、「今年は技術重視で採ろう」とか、期によってカラーがあります。それは外からはわからないから対策はできないけれど、結局、受験生が思っているほど確固とした基準があるわけではないということ。翌年にはまた条件が変わりますから、受験資格のあるうちは、落ちても気にせず再チャレンジすればいいのです。

誰が受かるかなんて、誰にもわかりません。けれど、これまでの経験では「なんでこの子が受かるの？」と思う子はいませんでした。スタイルがいい子もやはり有利で、スタイルがいいとバレエができなくても、さもできたというようなポーズになる（笑）。けれど、実力がないままに受かった子には、「入ってからがんばらないとね」と言っています。バレエでも歌でも、ひとつきちんとできるものがある子は強いけれど、そういうものがなくて入った子はやはり悩む時期があるみたいですね。

実際、教え子の中には、音楽学校在学中に辞めてしまった子も数人います。音楽学校の厳しさはよく知られたところですが、覚えなくてはいけない礼儀が一〇〇も二〇〇も三〇〇も四〇〇もある世界ですから、全員が全員馴染めるわけではありません。辞めるほど嫌だと思ったらエンターテイメントの世界でがんばれないし、大変なことはその先もっと増えていく。だから、無理にでも続けなさいとは口が裂けても言えません。

　受験に失敗すると、「なんであの子が入れてうちの子が入れないの？」と聞きにくる親御さんは今までたくさんいらっしゃいました。その質問へは「私は審査員じゃないからわかりません」としか答えられませんが、反対に、「受験に至るまで、娘さんがこんなに努力したことにはすごい値打ちがあると思いませんか？」と尋ねます。でも、多くの人は宝塚に入りたいから来てるのに、受からないならレッスンをした意味がないと思いがち。そんなふうに子どもの「今」しか見えていない親御さんには、もっと長い目で見て、あなたの娘さんにはいいところがたくさんあるでしょう、と伝えたいです。

　合格発表のあと、川路では次の日からレッスンがあります。そのとき私は「受かって良かったね」とも「落ちて残念だったね」とも言ったことがありません。ただいつも通りのレッスンをするようにしています。

そうすると、高三で最後の受験に落ちてしまった子が、プリエをしながら、私と目が合うとワーっと泣き出したりします。言葉にしなくても、ひとりひとりの顔を見て回ると、だいたいどんな心情でいるかがわかります。辛そうな子は、「我慢しなくていいよ、泣け泣け」と言って泣かせちゃう。どれだけがんばっていても、一八歳なんてまだ子どもなんだから、そんなに我慢する必要ないんだよ、と。それに、できる限りのことをしても結果が出ないということは、これからの人生にだっていくらでもあるわけです。

中学・高校と、今までは「宝塚」しか見えなかった子どもたち。でも一八歳を過ぎたら、世の中にはいろんな世界があって、本も書けるしテレビにも出られるし会社員にもなれる。パートもできるし結婚だってできる。選ぼうと思えばなんでも選べて、視界がすごくクリアになるはずです。「宝塚」という夢が破れたことをずっと引きずるのではなくて、可能性が広がったのだということを感じられるようになってほしい……いつもそう願っています。

宝塚受験への熱意や目標も人それぞれ。川路の生徒には、宝塚が好きだから「二次試験に行って音楽学校の中に入りたい」というのを目標にしている子だっています。ご贔屓のタカラジェンヌが通った学校の空間に入れる、聖地巡礼みたいな気持ち。それだって、その子の人生にとってはすごく大きなことです。

一五歳から一八歳というのは、人生においてとても大切な時期です。そして宝塚とは、その青春の貴重な四年間を賭ける価値があるところ。

タカラジェンヌになりたいという夢を一度でも持ったならば、本気で挑戦してみることをおすすめします。受かっても落ちても、その経験は、あなたの人生にとって大きな宝物になることでしょう。

第4章

私が
タカラジェンヌ
だったころ

バレエ団から宝塚の世界へ

バレエを習い始めたのは戦後すぐ、四歳のころです。最初は貝谷八百子《かいたにやおこ》先生の教室で、まだ右も左もわからない子どもだったので、「たまえちゃん（本名）、お茶碗を持つほうはどっち？」「こっち」「じゃあそちらに回って」なんて言われてお稽古していたのを覚えています。

六歳からは橘秋子《たちばなあきこ》先生に師事し、その後牧阿佐美《まきあさみ》バレエ団に入団。本格的にバレエの世界へのめり込みました。

主役を踊らせてもらうことも多かったけれど、あるとき「白鳥の湖」のオデット姫を踊るときに、トウシューズを履いたら王子様より大きくなってしまったんです。小学校一年生のときから背の順は一番うしろで、小学校六年生になると一六〇センチくらいあって、もう大人同然。有名なバレリーナの森下洋子《もりしたようこ》ちゃんにしても大原永子《おおはらえいこ》ちゃんにしても岡本佳津子《おかもとかつこ》ちゃんにしても、すばらしい方たちはみんな私よりずっと背が小さかったんです。王子様より大きい相手役は好感を持ってもらいにくいこともあり、同じものを踊っても、小さいほうが評価が高くなる。私は体が大きく、表現力もあるほうではなかったから、小学生のうちから「大人のくせに下手ね」という目で見られて、「なんで私だけこんな評価なの？」と悔しい思いをするようになりました。

中学に入学したら、同級生に宝塚歌劇が大好きな子がいて、「ターちゃんは宝塚がいいわよ、宝塚に入りなさいよ」って言うんです。その人に連れられて初めて観劇して、「こんな世界があるとは！」と衝撃を受けました。たしか、淀《よど》かほるさん主演の『三つのワルツ』という演目だったと思います。

「これなら、背が高くてもいいじゃない！」とすぐに宝塚受験をすることに決めて、中三でお世話になったバレエ団を辞めることにしました。

そのとき、橘先生には「たまえちゃん、バレエ団というのは一人のものではありません。クラシックバレエは総合芸術です。でも、宝塚はそれとはまた違う道です。そこにあなたが行くなんて……」と言われました。でも心は決まっていた

牧阿佐美先生に振り付けていただいた新曲「陽気なお嬢さん」

ので、ある公演への出演を最後に辞めさせてもらいました。

そこからは、宝塚受験へ一直線。音楽学校の試験官でもあるバレエの先生の教室が逗子にあることを知って通い始め、地元のバレエ教室にも少し行きながら、モダンダンス、タップダンス、声楽、日本舞踊を習い、小さいころから習っていたピアノも合わせると、合計八つくらいのお稽古事に通っていました。

それまで学校の成績は一応上のほうでしたが、毎日二三時くらいまでお稽古をするので、このままいけばすぐに下のほうへ行ってしまうのは目に見えていました。それは私のプライドが絶対に許せなかったので、校長先生に相談して、通っていた学校より少しレベルの低い学校へ転校することにしたんです。もとは立教女学院付属の小学校から中学校にいて、当時、音大を目指すとか、何かしらの専門分野へ行くからと外部へ出る人はいましたが、宝塚にというのは前例がありませんでした。先生からは「そのまま上がればいいでしょう？」とも言われましたが、意志が固かったので辞めてしまいました。

転校先の学校はすごくいいところで、「知識だけを入れるのではなく、人間性を養いましょう」ということをさりげなく教えてくださる先生がいて、感激しました。高校二年生になったとき、そろそろ宝塚受験をしたいと思って相談すると、普段は何も言わない優しい母が一言、「高校は卒業しておいたほうがいいかもね」と言ったんです。そんなものかな、と少し気になったんですが、結局二年生で受験させてもらいました。

音楽学校の受験では、面接の最後に審査員の先生から「なんでバレエ団で活躍していたのに、宝塚を受けたんだ？」と怒ったように言われて驚きました。でも、堂々と「トウシューズを履いたら王子様より背が高くなっちゃって、絵面がよくないのでこりゃダメだと思いました。宝塚を観せていただいたら、こんなすばらしい世界があったのかと驚きました。だから、入れてください」と言って、それが良かったのかはわかりませんが、合格することができました。七七人も入った学年で、当時の倍率は三・七倍くらいでした。そんなに多く入った年はあとにも先にもないみたい。

合格してから、何を言われたわけではないけれど、受験前の母の言葉がどんどん気になり始めました。晴れて宝塚に入ることになったけれど、高校を中退するのはどうなのかな、と……。

すると、高校の先生から「あなたはまじめにがんばっていたから、卒業はさせてあげたい」と言われたんです。成績が良かったのと、二年生のうちに単位をかなり取って三年生の勉強もしていたので、「なんとかできると思う」と言われて。当時は、どちらにも籍がある状態というのが許されていたんです。高校の単位で少し足りないぶんは、音楽学校の夏休みに課題を出したりして、融通してもらいました。高校の卒業式はちょうど音楽学校予科の春休みだったので、宝塚の緑の袴を着て行ったんですよ。ちょっとかっこいいでしょ。

「死んでしまいたい」と思った日

いざ入ってみると、宝塚はほんとうにおもしろい場所でした。バレエを一日中踊れるし、ジャズもタップも声楽も……好きなことばっかり。男役の低い声が出ないし恥ずかしくてお芝居は嫌いでしたけどね（笑）。なんて楽しいところだろうと思い、毎日レッスンに明け暮れ、それでもまだ足りなくて外部の先生のところにダンスや声楽を習いに行っていました。今思えば親はお月謝が大変だったと思うんだけど、友達と遊びに行くよりは芸事を学ぶのが好きだったんです。

本科の卒業時、同期七七人のうち上から一〇人くらいが優等生とされるんですが、私は努力もしていたし成績もずっと上の方だったから、絶対に選ばれると思ったんです。ところが、突然一七番くらいになった。ダンスができなくても顔が綺麗な人とか、ゆくゆくトップになったような人は、その一〇人に入っていました。そのとき初めて、この世界の厳しさや理不尽さを肌身で実感しました。

そういうことはその後も続きました。本科の年の一二月に、習いに行っていたバレエ教室の公演がフェスティバルホールであって、『ヘンゼルとグレーテル』の主役・ヘンゼル役をやったんです。すごく評判が良かったので、本科の卒業前にある文化祭公演でも同じメンバーでそれをやりましょうという話になったんですね。「またヘンゼルが踊れるわ」と楽しみに配役発表を見ると、私はなんと魔女の役。ヘンゼル役に抜擢されたのは、私よりはるかに踊れない人でした。

悔しくて悔しくてたまらなくて、その夜、寮の部屋に戻ったとき、生まれて初めて「自殺しよう」と思いました。これまでバレエだけはずっと一番で誰にも負けたくなかったのに、これから歌劇団に入る、こんな大切なときに役を降ろされてしまうなんて……。

二月の一番寒いころのことです。思いつめて、素足につっかけで、薄着のまま外に出ました。門限の二二時もとうに越えていましたが、真っ暗な武庫山の森の中をひとりでずーっと歩いていきました。はっと空を見ると星がすごく綺麗で、それを見ているとポロポロ涙が出て止まらない。どれだけ死んでしまいたいと思っても、本当に死に切れるわけはありませんでした。
三時間も四時間も歩いたら、いつの間にか山を越えて、隣の隣の駅まで行っていました。阪急電車の始発が通るころになってやっと我に返り、結局寮に帰りました。その一晩はちょっと自分ではないような感じで、その経験で人間が変わったような気がします。帰ったら、寮の人たちはみんな私を心配してくれていました。

人生で初めての大きな挫折を経験したことで、一度は人を信じられない気持ちになりました。でも、魔女の役がついているんだから、私がやらなきゃ誰がやるの、とも思っていたんです。

そんなとき、音楽学校の先生が「舞台というのは、こちらの事情を知らないいいろんな人が見るのだから、ちゃんとやらないとターちゃんらしくないよ」と言ってくださいました。それまで自分は「知り合いに『役を降ろされたのね』と思われたくないということしか考えられなかったけれど、その言葉でハッとしたんです。先生は、「どんな役でも精一杯やらなければいけない」という、とても大切なことを教えてくださったのです。

それからはとことんやってやろうと、大きなつくりものの鼻を用意して、楽屋にある綺麗なモップをハサミで切って帽子につけてもらって、ド派手なメガネをかけて、顔が一切わからないようにして魔女の格好をしたんです。先生も「好きなように振りをつけていいよ」と言うので、ほうきに乗って「イーヒッヒッヒッ」って大声を出してターンをしまくって、いつの間にか三枚目の役がとっても楽しくなっちゃった。本番のお芝居も、結構好評だったみたいです。

そして、気がついたころには、ヘンゼルをやった人にもやっぱりいいところがいっぱいあった！と感じる私がいました。それに、魔女と主役、ひとつの演目で両方踊れるなんてすごいこと。むしろラッキーだと思うようになりました。

この経験がなければ、私の宝塚人生はもっと違ったものになったと思います。

大好評だったヘンゼル役

「魔女がんばれ！」と励ましてくれた先生と

タカラジェンヌ「川《かわ》路《じ》真《ま》沙《さ》」誕生

今は「川路真瑳」と名乗っていますが、最初につけた芸名は「川路真沙」という字でした。当時OSK日本歌劇団のトップだった川《かわ》路《じ》桂《けい》子《こ》さんという方が大好きで、とても仲良くしてくださっていたのですが、「何も考えてないなら私の名前を使いなさいよ」と言われて「川路」をいただいたんです。本名の名字が「マサキ」だったので、下の名前はそこからとって「真沙」にしました。

入団後、研究科二年生で花組に配属。すぐにいい役をつけてもらって、フィナーレでは二人の先輩と一緒に階段を降りることになりました。

私にとって初めての大階段。歌って踊って手拍子もあって死にそうに難しい振りなのに、それをやりながら幅二二センチの階段を降りるのは本当に大変でした。しかも私は高所恐怖症（笑）。踊れば歌がつかないし、歌ったら足が動かない。タカラジェンヌはみんな涼しい顔でやっていますが、あれはかなり難しいんです。

お稽古場では一日中、振りをやりながら階段を降りる練習を延々とやっていました。窓の外が真っ暗になって、お掃除のおばさんが「もう帰りなはれ、転げ落ちたら危ない」と心配してくださるくらいの時間まで残っていました。

しかも、そんなに努力しているのに、まだできない！　あまりの辛さに、一度はお役をいただかない方が良かったと思ったくらいでした。

でもそのときに担当してくださった振り付けの岡《おか》先生がすばらしい方で、先生のおかげで人生が変わりました。

岡先生というのは、当時の宝塚で一番ややこしい振りをつけると有名な人でした。先生のつけた振りを私が一人でひたすら練習して、あまりにできないものだから目に余ったのでしょう。毎日、先生がこっそり教えてくださるようになりました。

最初に言われたのは「ターちゃん、この踊りはクラシックバレエじゃないんだよ」ということ。「宝塚はリズムが大事。お前はリズムをきちんと勉強しないとダメだ。得意のクラシックバレエは土台にして、その上にリズム感を養わなければいけない」と、手拍子のやり方から何から何まで本当に丁寧に教えてくださいました。

それまで、リズムのものはどうして踊ればいいのかわからなかった私でしたが、先生のおかげで本番までには難しい踊りをマスターすることができました。それからは、ジャズの先生六人くらいのところに通いまくって、見て学ぶようになりました。でも長い人生のなかで、あんなに細かくわかりやすく嚙み砕いて、懲りずに何日も何回も教えてくださったのは岡先生だけ。サヨナラ公演も岡先生が振り付けしてくださいました。私が今ジャズを教えられるのは岡先生のおかげなんです。

その後、月組に組替え。男役の芸名としては弱いと言われた「沙」の字を変え、「川路真瑳」として再スタートしました。花組が大好きだったので組替えはとても辛かったけれど、月組では『ウエストサイドストーリー』の、ダンスの得意なベイビー・ジョン役をいただいたりとたくさんの経験をさせてもらいました。当時の宝塚ではバレリーナが珍しかったので、私は「トウシューズで踊れる男役」としてダンスシーンで重宝されたのかもしれません。

初めて発売されたブロマイド。花組で研究科3年生くらいのころ

あるときは、演出家の内海《うつみ》重典《しげのり》先生が、東京公演の前日になって「上月《こうづき》昇《のぼる》さんが銀橋を渡るシーンの背景が寂しいから、本舞台の上手サス（サスペンションライト。役者の真上から照らす照明）の中で踊ってみて！」とおっしゃったんです。振りも自由につけていいと言うので、「ダニーボーイ」という曲に合わせて、とっても楽しく踊らせていただきました。そんなのは今では考えられませんが、内海先生は生徒のいいところをわかってくださっていたので、自由に表現することを認めてくださっていたのですね（でも、プログラムに名前が載ることはありませんでした）。

私は昔から、いいところがたくさんあるタイプの人間ではなくて、長所はほんのちょこっと。でも、それを認めて引っ張ってくださった岡先生や内海先生には本当に感謝しています。

優等生じゃない自分が好き！

成績こそ悪くなかったものの、宝塚時代の私は決して優等生ではありませんでした。というのも、実は「イタズラ」が大好きだったんです。私の入った期は大人数だったこともあり、悪いこともやり放題。先生方には申し訳なかったけれど、時効ということで、いくつかエピソードをご紹介します。

音楽学校の予科生のころ、大劇場のとなりの遊園地が「宝塚ファミリーランド」としてリニューアルしたんです。新しくおもしろい乗り物がたくさんできたというのだから、これは行くしかありません。それで、休みの日に行けばいいものを、同期数人と「授業サボって行っちゃおう」という話になり、思う存分遊びまわりました。そのなかに、小さな車が線路の上を走っていって、園をひと周りできる遊具がありました。最後の思い出にとみんなで乗ったら、なんと！　途中で音楽学校の声楽教室の前を通るではありませんか……。

しかも、ガラス越しに先生の顔が見えた瞬間、思わず手を振っちゃったもんだから、もう大変。すぐにバレてしまい、走って謝りに行ったのを覚えています。

本科生になってからは、つまらない英語の授業があると先生が来る前に教室の鍵を閉めて、石油ストーブの上に網を置いてみんなでパンを焼いたり……（笑）。今の厳しい音楽学校では考えられないことをいろいろとやっていましたね。

入団しても私たちのイタズラは止まりませんでした。下級生のころは兵士役など衣装を着てうしろで立っているだけの役も多いので、上級生もいるのに交代で抜け出したりするのもしょっちゅう。勝手に役を交換して、指揮者の先生の手が止まっちゃったこともありましたっけ（野村先生ゴメンナサイ！）。

日本物の公演には、「出語り」と言って、スターさんが歌っているうしろの花道にずらっと下級生が並ぶ場面があります。長時間同じ体勢でいなくてはいけなくて退屈なので、ある日、お化粧するときに「まぶたに目を描いて寝ちゃおう！」と思いつきました。一列目だったのを三列目の子と替わってもらい、準備万端！　でもいざ舞台に出ると可笑しくなってしまって、さすがに目は閉じられませんでした。そのときのお化粧のひどいことと言ったら……写真が残っていないのが残念なくらいです（笑）。

イタズラは基本的に貸切公演に限っていたのですが、それ以外でもやらかしてしまったエピソードはいろいろと……。

研究科三年生くらいのころでしょうか、花組がハワイ公演をやるということで、その選抜メンバーに入れていただいたことがあります。主演は、今なお伝説の男役スターとして語り継がれている春日野八千代《かすがのやちよ》さん。演目は『日本踊り絵巻』という日本物で、若衆のお役をつけていただきました。

宝塚では毎夏お稽古と公演の連続で、海へ行ったことなんてなかった私。初めてのワイキキビーチに興奮して、上級生の高城珠里《たましろじゆり》さんなど、仲のいい人たち数人で、公演前に毎日浜辺に行っていました。みんなと違って小さなころからバレエ漬けで、生まれてこのかた日焼けしたことがなかったから、顔中の皮がベロベロに剝がれてもう大変！　痛いだけでなく、日本物の白塗りが、塗っても塗っても綺麗に乗らず、ずれるんです。本当にひどい顔で舞台に立つことになってしまい、せっかくのハワイ公演にもかかわらず、春日野八千代さんに毎日叱られていました。

月組配属後初公演の『ウエストサイドストーリー』でも、事件は起こります。ウエストサイドでは、ディーゼル役の叶《かのう》八《や》千《ち》矛《ほ》さんとアクション役の榛《はる》名《な》由《ゆ》梨《り》さんが腕を組み合わせた上に、ベイビー・ジョン役の私が座ったまま歌う、という場面がありました。ある日、いつものように腕に乗ると、ふたりが私のお尻をくすぐってきたのです！　我慢できずに笑い転げてしまって、あのときばかりは「辞めさせられても仕方ない」と腹をくくりました。貸切公演ではなく本公演でしたしね（笑）。唯一の救いはユーモラスな場面だったことで、お客様もつられて笑ってくださいました。終演後は、演出家の柴《しば》田《た》侑《ゆき》宏《ひろ》先生にこっぴどく叱られたのを覚えています。

このように困った生徒ではありましたが、最後はいつも、みんなを代表して謝りに行っていました。人には「やっちゃえ」と言う割に自分は参加しないという人もいて、そういうのは卑怯だと思っていましたから、堂々とね（笑）。

今考えると相当なことをしていたと思うけれど、毎度毎度許していただいていただのだから、おおらかな時代だったものです。

決して優等生ではありませんでしたが、私はそんな自分が大好き！

「イタズラっ子」の心を忘れずに、これからも冗談のわかる、えくぼのできる明るいおばあさんになりたいと思っています。

後悔だらけの退団公演

退団を意識したのは研究科九年生のころ。「これ以上いい役は来ないな」と感じたタイミングで、知り合いの彼と結婚することに決めました。

退団公演は三月に宝塚大劇場、五月に東京公演があったのですが、四場面も真ん中で踊らせていただいたにもかかわらず、私は大劇場にだけ出演してサヨナラしました。本当は許されないことだけれど、当時はモチベーションを失ってしまい、東京まで行くのはもう嫌だと思っていたのです。「私の四場面はあとの子たちに教えていきますから」と理事長に直談判して、なんとか了解をもらいました。

大劇場公演中、事件が起こりました。理事長室に呼ばれたと思ったら、「お前は本公演でいい役をつけたんだから、サヨナラショーはもうやらなくていい」と、突然言い渡されたんです。

頭にきたので、「わかりました」とだけ言って、その日から一切なんの練習もしませんでした。

けれど数日後、組長が「ターちゃん、また理事長に呼ばれてる」と言うんです。行ってみると、理事長が「すまんけどな、お前やっぱりサヨナラショー踊ってくれるか」と言うではありませんか。

「いえ、ついこのあいだ『踊るな』と言われましたから絶対に踊りません」

「いや、まあそんなこと言わんと踊ってくれや」

「嫌です。もう練習もしていませんし、衣装も破って捨てようと思ってたところです」

そう言うと、理事長は困った顔をして「頼むから踊ってくれ」と。

聞けば、どうも上級生の早変わりが間に合わず、今のままでは舞台が空いてしまうというのです。「どうしようもないから二分半くらい踊ってくれ」という理事長に対して「嫌です」と言い続けたのですが、「ターちゃん！　そろそろ『はい』って言って」と、机の下で組長に足で合図され、懇願されました。かなり粘ったけれど、最後はもう、そうしないと幕が閉まらないということで、しょうがなく受け入れて、理事長を睨みつけて帰りました（笑）。

ただ、いざをやるとなっても、三週間トウシューズも履かず、振りも覚えずレッスンもせずにきてしまったわけです。ダンスは一日休めばそのぶん下手になってしまうもの。本番も「嫌」という気持ちだけでやってしまったものだから、トウシューズで立てないわ、回れないわ。あのときは、世の中で最低の踊りをしたと思います。あそこでばっちり踊っておけば格好良かったのに、「二度とバレエなんかやるもんか」と思って辞めてしまいました。

客席のみなさんにも申し訳ないし、応援してくださった方にも申し訳ないし。そのことは今になっても最低の悔しさで、一生の恥として残っています。

後悔の残るサヨナラショー

一〇〇本のピンクのバラ

後悔の残る退団公演でしたが、最後の舞台では、綺麗なピンクのバラを一〇〇本いただきました。今は亡き美山《みやま》しぐれ組長に「ターちゃん、みなさんに一言ご挨拶を！」と言われ、本当にたった一言「アリガトウゴザイマシタ」としか言えなかった、チュチュ姿の私。

母は、そのときもらったバラの花束を新幹線で大切に東京まで持ち帰り、お庭に一〇〇本全部挿し木をしてくれました。そのときは三月でまだまだ寒くて、挿し木には全然向かない時期です。

にもかかわらず、そのなかで一本だけ芽がついたのです。それがしっかり地に根をはり、大きく育って、今でも必ず母の日か五月三〇日の私の誕生日ごろに咲いてくれます。大好きな母が亡くなってからも、毎年そのバラの咲くことが私の一生の心の支えです。

バラを抱えて退団挨拶。美山しぐれ組長の隣で

それだけではありません。川路の教室に三〇年ほど通っているまきこちゃんのお母様が、あるとき「孫を作らせてください」と言って、そのバラを切って挿し木にしたのです。そこからまたバラが咲いてくれました。退団の日には想像もしていなかった出来事で、人の愛や気持ちが伝わっていくことの尊さを思いました。

辞めるときは「もうこんなところにはいたくない」と思った宝塚ですが、いざ離れてみると「あんなにすばらしいところはない」と思うようになりました。泣きたいことも悔しいこともたくさんあったけれど、あとになればなるほど、愛のある場所だったことがわかるんです。先生たちはみな、人として大切なことを教えてくださいました。

宝塚の先生方や先輩方が偉大だったと思うのは、すべてを教えてくれちゃうところです。この世界で、それはなかなかできないこと。出し惜しみする先生はたくさんいますし、芸は自分で見て盗めという古典的な考え方もあります。

でも、川路では宝塚の考え方を見習って、自分が教えられることはすべて教えるようにしています。これまでに出会ったすばらしい先生方に習ったことをすべて教えてあげたいと思うと、次から次へと伝えることが出てきます。

宝塚歌劇団の創始者である小林《こばやし》一三《いちぞう》先生の「清く正しく美しく」という言葉は、もともと「ほがらかに清く正しく美しく」だったと聞いたことがあります。私はこの「ほがらかに」が大好きで、なんで取っちゃったのかと思うくらい。

川路の生徒たちにもいつも「本当は、最初に一番大切な言葉がついているのよ。それは『ほがらかに』なの。みんな明るく行こうよ！」と声をかけています。

タカラジェンヌめざして

競争率八倍、難関の宝塚音楽学校入試風景

緊張して、思うように足があがりません。

■宝塚音楽学校の入学試
て行なわれましたが、五
三百九十一人の受験生、約　いう狭き
門です。

音楽学校に合格すれば、二年間の勉強後やがては憧れの宝塚歌劇の舞台に立てる、というだけに、受験生は一生懸命。試験のきびしさはまさに一流大学なみですが、そこは未来のスターを目指す若き女性たち、歌ったり、踊ったりの試験場は、花やいだふんいきです。それでも、二年、三年と浪人？ してまで受ける人、緊張のあまり、ふだんの実力が出せないでショゲる人などいずこも同じ入試風景です。

■試験はダンス、音楽、面接試問、中では音楽に重点が置かれていますが、ダンスもなかなか難しく、相当な練習が必要。面接では、品行方正であることと、家庭環境に重きが置かれています。もちろん容姿は端麗であることにこしたことはありません。

古い雑誌から。受験生に見せる模範演技をしているのが私

特別対談

川路真瑳 × 湖月わたる

元宝塚歌劇団星組トップスター

川路真瑳×湖月わたる

こづき・わたる　1989年、宝塚歌劇団に入団。星組に配属。94年の『若き日の唄は忘れじ』で新人公演初主演。宙組、専科を経て2003年に星組トップスターに就任。大劇場お披露目公演『王家に捧ぐ歌』は文化庁芸術祭演劇部門優秀賞を受賞。06年の『愛するには短すぎる』『ネオ・ダンディズム』で退団。退団後の主な出演作に『くたばれ！ヤンキース』『愛と青春の宝塚』など。15年には、全編英語で上演された『CHICAGO』アメリカ・カンパニー来日公演にヴェルマ役で特別出演した。

宝塚の世界にひとめぼれ

川路　わたるが宝塚を目指したきっかけは何だったんだっけ？

湖月　私はもともと埼玉県出身なのですが、父の仕事の関係で少しの間名古屋に住んでいたんです。そこからまた埼玉に戻ってきた小学校四年生のとき、埼玉テレビで早朝に宝塚の舞台映像を流す番組があったんですよ。それで放送されていた『友よこの胸に熱き涙を』という作品を見て、一気に宝塚を好きになっちゃった。

川路　松《まつ》あきらさんと順《じゅん》みつきさんの作品ね。八〇年代か。

湖月　そうですそうです。初めて生の舞台を観たのは翌年、五年生の夏休みです。初めて東京宝塚劇場に行ったのが麻実《あさみ》れいさん主演の『ジャワの踊り子』。

川路　いいのを見たね。

湖月　そうなんです。もともと母が宝塚を好きでファンだったので、テレビを見たのはその影響だったと思うんですよ。その時点ですぐに「ここに入りたい！」と思ったんですよね。そんな状態で生の舞台を観たので、もう憧れちゃって。名古屋時代にリトミック体操をやっていたんですが、リトミックの教室が入間市の家の近所になくて。三つ先の駅にあるバレエ教室に通うことにしたんです。そうしたらその教室、週五回まで通えたんです。

川路　すばらしい。川路に来たとき、もう上手でしたよ。変な癖がなくて。

湖月　いえいえ。そこで夢中でバレエをやりながら宝塚の舞台やテレビを見て……という小学生時代を送り、中学生になりました。そのバレエ教室は、同世代でもコンクールを目指してる子が多かったんです。でも私はまったくそっちに興味がなくて、宝塚を受けたいという一心だったので、話もちょっと合わないなぁなんて思ってました。
中学生になると、先生から「トウシューズを履いていい」と許可が出たんです。それで履いてみたら痛くて痛くて、いっぺんにつまんなくなっちゃって（笑）。私、甲がないから全然トウシューズ向きの足じゃないんです。それまでバレエシューズで踊るのはすごく楽しかったんですけど、それからバレエが苦しくなってきて。

川路　そのころから、バレエやるにはちょっと背も高すぎたでしょ。もう男役一筋だった？

湖月　身長のこともありますけど、私は最初に宝塚の舞台を見たときから、男役にしか憧れてなかったんですよ。ドレスが着たいとかは全然思わなかったんです。とにかくかっこいいのが好きなんですよね。当時周りはみんなチェッカーズとかなんとかって言ってたんですけど、私は宝塚の男役さんのかっこよさにメロメロでしたね。

川路　チェッカーズ、懐かしい（笑）。大昔だ。

湖月　とはいっても、男の人として演技をするのがどういうことみたいな、大げさなことは思ってないんです。ただあの世界に入ってみたいという一心で、単純でした。舞台の厳しさなんて全然分かってないですし。それでやっぱり自分には宝塚しかない！と思っていたとき、雑誌の「歌劇」に川路先生のお教室の広告が載ってたんです。

川路　そうそう、今はもう載せてないけど、「歌劇」にはしばらく広告を出してたのよ。

湖月　そこで初めて「受験生向けの教室があるんだ」っていうのを知ったわけですよ。で、当時、母の知り合いにタカラジェンヌだった笹《ささ》潤《じゅん》子《こ》さんがいらっしゃって。

川路　上級生の笹さんから電話があったのよね、一番最初。お教室を始めたころは宝塚の上級生のご紹介の人がいっぱいでした。バレエだけはターちゃんに任せておけばいい、みたいな感じでね。

湖月　はい。そのご縁でご紹介いただいて。でも私が「川路先生のところに通いたい」と言い出したときはもう、家族会議ですよ。そのころ代々木にお稽古場があって、埼玉県の入間市から通うとなると……。お稽古は夜の六時くらいに始まるから、夜のそんな時間から東京に出ることになるじゃないですか。通わせていいものか？って家族会議が開かれて、最初はダメと言われて。もう一日中泣いて頼みましたね。

川路　東京に出るなんて大ごとだもんね。お父さんが反対されてたの？

湖月　はい。もうお願いだから行かせてもらいたいって言って、もう泣いて泣いて頼みました。結局泣き落としでＯＫをもらって、そのかわり「帰る前にちゃんと電話する」とか、そのようなことを約束したんですよ。

川路　そうね。でもお稽古場に来る前に、発表会を見に来てくれたのよね。

湖月　そうです、日本青年館の発表会を見させてもらったんです。それを見てもう感動して、「うわ、絶対にこの教室に入りたい」って思ったんです。

川路　ここ、大きく書いてね（笑）。

湖月　本当に心から感動したんです！　青年館の、忘れもしない二階席から見させていただいて。泣いて頼んでなんとか先生の教室に行かせてもらって、レッスンを受けさせていただきました。それが中学二年生のときのことです。

できないからこそ燃えていた

川路　川路の教室には初心者の子もたくさん来るんだけど、私、右も左もわからない人にバレエを教えるのすごく好きなの。幼稚園の子に教えるみたいでおもしろいし、本当にわからない人ってかわいく見える。中途半端に経験があって、できるつもりでできない人はあまり好きじゃないの。逆に、全く何もできなかった子が上手になったときは感動ものなんだ！　涙が出ちゃう。

湖月　先生、よくそうおっしゃっていました。

川路　初心者の子には、まず体の動きを見てもらうのが大切。足の裏をつけるタイミングと離すタイミングと、まずは目で見てまねをしてもらう。一カ月ぐらいすると、ちょっとずつ分かってくるから。

湖月　そうそう、目から学ぶんですよね。

川路　わたるの場合は、その目がすごかったのよ。絶対に目を離さない人。人の話を聞くときも、こっちが恥ずかしくなるぐらいじっと見てくるから、じゃあ一生懸命教えなきゃと思うの。わたるの目力は、今まで教えてきた二千数百人の中でも一番よ。

湖月　それはもう、必死でしたから。だって私が入門して一年経ったとき、お稽古場が代々木から永福町に移ったんですよ。そうなるとレッスンに通うのに片道二時間以上かかりますから。残ってお稽古したくても、すぐに帰らなきゃいけない。だから目に焼き付けていました。でも、そのころははるばる木更津から来てる人がいて「私より遠い人がいるんだ」って驚きました（笑）。

学校が終わると母が校門のところに自転車で来てくれていて、それを乗り継いで駅まで漕いで、そこから電車に乗って……というのを毎日。

湖月さん受験生時代のレッスン風景（左）

川路　学校の荷物とお稽古の荷物を入れ替えてね。

湖月　そう、わーっと急いで来て、そうするとお腹が空くじゃないですか。当時、お稽古場の近くにおでん屋さんがあったんです。お稽古前にそこのおでんで腹ごしらえするのが習慣だったんですけど、電車賃もかかるしお小遣いもそんなにないから、一番安いちくわぶを買うんですよ。さすがに商店街で食べるのは恥ずかしいから、一本裏道に入って（笑）。

川路　裏道でちくわぶ（笑）。当時はご近所の商店街にいろんなお店があったんだけど、今は個人商店がほとんどなくなって、マンションとかセブンイレブンになっちゃった。みんなそれぞれが具合が悪くなってお店を畳んじゃって、残ってるのは私だけ。それこそおでん屋とか八百屋のおっちゃん、近所のおばあちゃんとか、いろんな方がいたときは、川路の子たちを見て「この子いいな」とか私に言ってくれたの。そう言われる子はやっぱり宝塚に入ったよ。みんな当てちゃうんだから。

湖月　すごい。

川路　お店の前を通るとき「こんにちは」とか「お疲れさま」って言ってあげると、みんなニコニコして「さようなら」って言うんでかわいいんだよね、とか。「あの子スタイルいいしお行儀いいんだよね」って、近所のおじいちゃんおばあちゃんから全部ニュースが入ってくるの。受験が終わるころになると「あの子入った？」「当たり！」とか言ってね。毎年ずっとやってたんだけど、いつの間にかみんないなくなっちゃった。

湖月　私の通っていたころも、本当にいろんな方に声をかけていただいていました。夜はお稽古が二〇時四五分まで、支度をして二一時には帰るようなスケジュールでしたね。

川路　二一時以降は残さないようにしてたから。それでもわたるの場合は家につくのが二三時だもんね。

湖月　そうですよね。代々木のころは一時間半かからないくらいだったのでまだ良かったんですけど。でも場所が変わるからといって別の教室に通うなんて考えられませんでした。川路先生に習いたいから、そのためには永福町だろうがどこだろうが行く、みたいな感じでしたね。二年目には日本青年館の発表会にも出させていただきました。そのときに、やっぱり曲を踊るってすごく楽しいんだと実感したんです。

川路　ボレロとかやったよね。背が高くて怖い上級生ばっかりの中に、ひとりだけ中学生で。

湖月　そのころすでに大きかったから、入れていただいたんですよね。宝塚を受験したときが一七一か二センチくらいだったんですが、当時もう一六八くらいはあったと思います。

川路　大きかったし、手足が長くってね。

湖月　でも私、体が硬いんです。

川路　そうそう、硬いの。めちゃくちゃ硬い（笑）。それはもう大きい声で言っちゃう。バレエをやる人はたいていちょっと柔らかかったり、しなっとしたものができるんだけど。でも最後には脚を上げて持てるようになったよね。最初は持てなかったでしょ。

湖月　持てなかったですね。股関節が硬かったし、反るのも硬い。高いバーに脚を乗せるのがきつくてきつくて。

川路　でもわたるは目剝いて鼻剝いてがんばる人だから、他の人より先に下ろしちゃうことはなかったかもしれない。教えているほうからすると、そういう根性も見えるじゃない。脚が上がったつもりですぐ下ろしちゃう人もいるけど、わたるはできなくても最後までがんばる、そういう心はあったので。

湖月　できないからこそ、そういうところで燃えていた気がします。

川路　燃えてた、燃えてた。炎が出てたよ（笑）。

宝塚受験と高校受験

川路　わたるは中学三年生で一発合格だったから、川路の教室では上級生になる前に卒業しちゃったんだよね。

湖月　そうなんです。先生にも高校に行ってからのほうがいいんじゃないかって言っていただいたんですけれど……。

川路　私は高校には一年だけでも行ったほうがいいと思ってるからね。親御さんはなんて言ってた？

湖月　母は宝塚ファンなので、私が受験したいと言うともちろん大喜び（笑）。一〇〇パーセント協力して支えてくれました。でも、父は「どうしても高校に行ってから受けてほしい」と。ただ、宝塚に入りたいと思ったのが小学四年生で、一五歳になったら受けられるってずっと思っていたので。

川路　憧れが強すぎて我慢できないんだよね、みんな。

湖月　だからとりあえず一回だけ挑戦させてもらうことにしたんです。それで落ちたら高校三年間は受験せずにちゃんと学校生活を送って、高校三年生のときに気持ちが変わってなかったらまた受けさせてほしいと言って。それくらい、「受けない」という選択肢はなかったですね。でも、さすがに高校受験もしなきゃいけないなということで、私立高校すべて見事に落ちたので、県立も受けたんです。「全部落ちたら宝塚受験どころじゃない」と冷や汗をかきました（笑）。

川路　お稽古お稽古で、勉強する時間ないしねぇ。

湖月　そうなんですよ。あのときは本当に焦りましたね。「宝塚を受けたいならまずこれをちゃんとやらなきゃ」って、最後の一カ月くらい、兄二人がつきっきりで勉強を教えてくれて。とりあえず県立に合格したところで、やっと一息ついた。

川路　大変だけど、それがいいのかもね。昔から宝塚って「学校やめちゃって宝塚だけ受けていいです」ってことはないから。中高の在学中か、高校卒業してないと受験資格がないんだよね。それに、昔の宝塚受験は三月の下旬から四月の頭までかけてやってたから。そのせいで、高校の入学式へ行っちゃったあとに合格しちゃうっていうことがあったんですよ。

湖月　私のときの合格発表も、高校の入学式前日でしたよ。それでやっぱりちょっと、中学校から怒られました。高校の先生は「がんばって行ってらっしゃい」って言ってくれたんですけど。それぐらいギリギリですもんね。

川路　それはさすがに困るということで、ちょっとずつ前になってきたんだろうね。学校には宝塚好きなお友達っていたの？

湖月　いなかったんですよ。でも、ひとりの親友にだけ受けるっていうことを言ってて、その子がなんと今の私の兄嫁なんです（笑）。

川路　えー！　すごい。

湖月　そうなんです。その子にだけは言っていて。だから一緒に見に行ってたのは彼女だけですね。学校では他の人はたぶん、全然知らなかったと思います。私が宝塚を好きだってことも、受験するってことも。担任の先生には、バレエやダンスをやっていることは話していました。というのも私がバレーボール部やバスケ部からしょっちゅうお誘いを受けていたのに入らなかったので、「なんでだ」って聞かれて「バレエを習っているから」と。

川路　そりゃそうだ。あの身長じゃ引く手数多だよね。受かったあとに周りの友達に報告した？

湖月　いや、あのころはLINEがあるわけでもないので、たぶん「姿が消えた」っていうだけですね。また、高校の名簿もできちゃってから合格がわかったので、私の名前が全部ばってんされていたらしいんですよ。同じ中学の子からすると、そんな不良っぽかったわけでもないから「まじめそうだったのにどこ行っちゃったんだろう」みたいな。

川路　おもしろい（笑）。

湖月　それこそ風のうわさで「宝塚に入ったらしい」っていう話にはなったみたいですけど、当時はまだみんな宝塚もそんなに知らなかったから、ある日金髪になった私を電車で見てびっくりしたみたいです。やっぱりグレてたんだって（笑）。

一番目の受験生

湖月　一次試験は最初に面接があるんですが、当日、その順番がくじ引きで決まるんですよ。そうしたらなんと私、一番だったんです。

川路　すごい！　でも一番っていいよね。

湖月　うわっと思いつつなんとかやったんですけど、終わってから三番四番と人の受け答えを聞いていくと「あ、そういうこと言えばよかったんだ」って思うんですよね。最初は緊張してたし、一問一答じゃなくて、紙に書いてある一〇項目ぐらいに対して一番〇〇、二番〇〇って繋げて答えないといけないから、頭がこんがらがっちゃって。一回につき二〇人くらいが並んで面接したかな。それにバレエと新曲歌唱。

川路　当時は一次試験でも実技があったんだよね。今は面接だけになっちゃったけど、そのころのほうがよかったと思う。一生懸命お稽古やお勉強してた人が一次に受からないっていうのは、私としてはすごく残念。わたるはそのとき、何を歌ったの？

湖月　「オー・ソレ・ミオ」だったような気がするんですけど、ちょっと昔すぎて自信がないです（笑）。

川路　手応えはあった？

湖月　いやー、どうだったんでしょうか。一番目だったので、やったことよりも終わってからほかの人のを見てた記憶のほうが残っています。「うわ、みんなすごいな」とか、後悔ばっかりでした。

川路　でも最初の人になるのっていいのよ。他の人がすごいと思いながらの一〇番目ってきっとかわいそうだと思う。

湖月　もっと嫌ですよね。で、そのあとの二次試験は同じようにまた当日番号を引いたんですが、なんとまた一番で。

川路　こりゃまたすごい！

湖月　わっ、また一番だ！と思っていたら、審査員の先生に「また一番ですね」って言ってもらったんです。

川路　覚えられてたのね。それってすごいことよ。

湖月　でも、一次試験のときに隣に座った子がすっごくかわいかったんですよ。赤毛のアンに出てくるダイアナみたいな髪型をしていて。「こういう子が受かるんだ」「なんで私この子の隣に座ってるんだろう」って、ひけ目を感じてしまって。その子も二次の会場にいたから、「やっぱり受かってるんだ……」と思って。他の子たちも、やっぱり一次通過しただけあってさすがにみんな綺麗な子ばかりで、これは大変だと思いましたね。でも自分の番はまたあっという間に終わっちゃって、時間を持て余していました（笑）。

川路　二次試験も実技と面接だった？

湖月　そうです。今度はひとりずつの面接で、レオタードから私服に着替えて受けるんですよ。私は学校の制服を着ていました。

川路　制服、いいじゃない。

湖月　制服でいいって聞いたからそれでと思ったんですが、みんなはすっごくかわいいワンピースとか着てるんですよ。その中で私はブレザーを着て、すごく地味だった。面接内容はあまり覚えてないんですが、親が賛成してるかどうかは聞かれたような気がしますね。

川路　昔はよく聞かれてたよね。実家を離れて寮生活しなくちゃいけないから。最終面接の審査員って誰だった？　偉い先生たちばっかり？

湖月　誰が誰だか全然わからなくて……。でも当時、「音楽学校」っていう分厚い本が出てたんですよ。そこに写真が載っていたパンチパーマの男性の先生がいらっしゃって。バレエの鈴木先生という方なんですけど、その方だけはわかりました（笑）。

二〇人分の思いを背負う

川路　わたるのころ、受験倍率は何倍ぐらいだった？

湖月　たしか一九〜二〇倍くらいです。

川路　すごいね。私たちのときは三・七倍で、すごく人数が多い学年だったの。五〇周年のときに歌劇団生全員紋付袴で写真撮ったの、覚えてる。

湖月　すごい、歴史的です。写真といえば、受験の願書に貼ったのがこの間出てきたんですけど、今見ると「これでよく受かったな」というような感じで驚きました（笑）。

川路　そんなことない、かわいかったよ。川路で仲良しの子たちと一緒に受けてたんだっけ？

湖月　二人一緒に行ってます。そのうちの一人は、お稽古の帰り道もずっと一緒で仲の良かった、二歳年上の子でした。一次試験は一緒に受かって、すごく嬉しくて。一緒に二次試験を受けに行ったら、中三と高一がAクラス、高二と高三がBクラスというふうに分けられたんです。私はAで、彼女はB。試験が終わって、手をつないで合格発表を見に行きました。発表のとき、ガラガラガラッと幕が降りて、当時は名前が出てくるんですが、まず一段目のAクラスに私の名前があって。二段目のBクラスの結果が出たら、彼女の名前はなかったんです。そのときに、つないでた手がすっと抜けたんですよね。その感覚が今でもずっと残ってて、こうして話しながら泣いてしまうんですけど……。でもそのときは、「受かった人は講堂に入ってください」って言われてすぐ行かないといけなくて、きちんと話せないまま道が分かれてしまいました。

川路　切ないね。すぐ説明会があるから、流れに乗せられちゃうんだよね。

湖月　彼女はその翌年が最後のチャンスだったので、受験するかなと思ったんですが、受けなかったんですよね。もちろんそれからも会ってるし、その後も舞台を見に来てくれて、彼女とは長いおつき合いをしています。ただ、やっぱり一九倍っていうことは、自分は約二〇人分の涙を背負ってるわけじゃないですか。そういうことを彼女のおかげでいつも心に留めるようになって、辞めたくなったりつらくなったときも、「あの子の分も」っていう思いは常にあった気がしますね。

川路　彼女はその後「わたるを応援する」っていう感じになったよね。川路って辞めたあともそういうつながりが結構あるみたいで、すごいなと思う。自分は落ちちゃったのに、受かった友達を一生懸命応援しようとか、そういうご家族もいっぱいいいたじゃない。

湖月　はい。本当にたくさんの方に応援していただきました。

川路　だからみんな偉いなと思って。それはわたるに魅力があるからだと思うけどね。あなたを応援してる人って、みんなすごく幸せそうなのよ。

湖月　いえいえ、そんな……。あとすごく覚えているのが、川路の先輩で、私の前に受かってらっしゃった方がいたんです。だから私、宝塚を受ける前にお手紙を書いたんですね。それにお返事をくださったんですが、結構厳しめなお手紙だったんですよ。「そんなに夢だけの世界ではないよ、厳しいところだ」というようなご意見をいただいてて。でもそれは、私にとってはすごくあたたかいお手紙でした。

川路　そういうのをしっかり言ってくれる人って貴重だよね。うわべだけじゃない、本物のアドバイス。

湖月　そうなんです。あと宝塚受験はしなかったですけど、ソシアルダンスでプロとして活躍しているよしえちゃん（早川《はやかわ》良枝《よしえ》さん）ともずっと親しくしています。もう引退されましたが。

川路　ソシアルダンスでナンバーワン、すごいよね。よしえちゃんは小柄で、バレエもジャズもすごく上手だった。それだけでなくセンスがいいの。ラテンものなんて踊らせたら「うっ」と思うような人だったね。私も教えながら、この人はすごいって思ってた。

湖月　今でもダンスを教えてもらったりしているんですよ。宝塚を退団して初めて女性の役を演じるときに、ソシアルダンスのしなやかな動きと美しさを勉強しようと思って、まず彼女に電話したんです。他の人も舞台を見に来てくれたりとか、川路っ子とのつながりはずっとありますね。

一五歳からの寮生活

湖月　「家を離れるんだ」って実感は、合格手続きをしているときに初めて湧いてきました。それまではずっと「宝塚に入りたい」ばっかりで、「寮生活だよ」って言われても全然実感がなかったんですね。でも、手続きしてから二週間後には準備して入学式なので、そのときに急に「あっ」て。

川路　末っ子ちゃんだしね。みんなに大事に大事にされてたからね。

湖月　性格的にも、「いつか家を出てやる！」みたいなこともなかったので（笑）。宝塚だっていつも東京の劇場で見てましたし、親元を離れるんだと思うと急に寂しくなっちゃって。両親もすごく心配だったと思います。

川路　わたるのご両親のことはよく知っていて、お父さんは普段何もおっしゃらないけど、ものすごく愛情のある方だなと思う。見えないところで、何があっても大丈夫だよって支えていてくれるような。お母さんのほうは見える愛情ね。劇場で会っても嬉しそうに「先生、わたるどうでした？」って話しかけてくれる、すごく明るくてかわいいお母さん。

湖月　宝塚で暮らし始めてからは、当時携帯もないので公衆電話で家族に電話していたんですよ。テレホンカードが切れそうになると最後は父が出てきて「ちゃんと新聞読んでるか」とか「本を読んでるか」とか、お小言を言われてました。久しぶりに会うと新聞の社説を切り抜いたのを一カ月分渡されたりだとか、そういうお父さん（笑）。今になればもっとちゃんと読んでおけばよかったと思うんですけど、父としては世間を知らないということがやっぱり心配だったんでしょうね。

川路　そりゃあ一五歳だもんね。すごくいいお父様だと思うよ。

湖月　母の心配は主に栄養面でした。寮にいたから余計「あれ食べなさい、これ食べなさい」って。

今でも忘れられない光景があって、実家のある駅の隣に稲荷山公園っていう駅があって、フェンス越しにホームがあるんですよ。音楽学校の夏休みとか、入団してからは東京公演が終わって宝塚に帰るときに、そのホームで電車を待っていると、フェンスのむこうから両親が手を振っている。それが見えなくなる瞬間に、「また次ふたりに会えますように」っていう思いでいつも別れてたのを思い出します。やっぱり、何かあったときにぱっと行ける距離にはいないので。

川路 いい家族ね。

湖月 家族には本当支えてもらったなと思います。

川路 でもわたるはバレエOK、歌OK、新曲OK、演劇OK、タップOK、日舞OKだったから、音楽学校に入ってからも技術的にはあまり苦労しなかったでしょう？

湖月 いや、でもどれも結構中途半端な成績というか、そんなにずば抜けて良くはなかったんです。バレエだってトウシューズクラスは全然違うので。

川路　トウシューズクラス（笑）。

湖月　トウシューズでもう心が折れた人ですから、そこは全然かなわない。でも先生のところはタップも教えてくださったので、それはすごく助かりました。

川路　タップを受験前に教える教室は割と珍しいみたいで、川路の子たちはみんなタップで一番か二番になって成績が上がるの。でもわたるの時代はまだ、川路では声楽の先生を呼んだりはしてなかったよね。

湖月　はい。近所の合唱団に入ってたんですよ。でもそこの先生がすごい怖くて厳しくて。その先生とふたりっきりの空間にいるだけで私貧血起こしたんですもん（笑）。まだ個人レッスンで歌を習うということにピンときていなかったということもあるんですけど、その後はまた別の近所の先生のところに月二回くらい通いました。ダンスのほうに夢中だったこともあって、歌はそのくらいですね。成績もほどほどな感じでした。

現役受験生に思うこと

川路　現在進行型で受験に向かってる子を見るとどう思う？

湖月　もう、無条件に応援したくなりますよね。だけど、私は川路先生に、夢を叶えることはもちろんすばらしいことだけど、そこに向かって努力することが一番大事で、結果はどうあれ「一生懸命やること」を教えていただきました。だから宝塚に合格することだけがすべてじゃないよ、というのはすごく感じます。私は運のいいことに叶えることができましたけど、川路のお教室は、先生もおっしゃったように、宝塚への夢が叶わなかったとしてもちゃんと次の目標に向かっていく方がすごく多いと思うんですよ。それはきっと、先生の精神があるからこそなんじゃないでしょうか。

川路　じゃないと私が泣くからね（笑）。実際、宝塚受験がダメだったら「落ちました」も言わないで辞めちゃう人もいるわけだから。宝塚以外にもなにか方向性が見えたらバイバイ、いつ辞めてもいいんだよって言うけど、泣いたまま辞められちゃうと、結構寂しい。

湖月　そうですよね。

川路　私は受験後のレッスンも、「受かって良かったね」とか「残念だったね」とか何も言わないの。「はい、始めます」っていつも通り始めると、バーレッスンで目が合うとうわーっと何人も泣く子がいる。落ちた子にとって、そのときはやっぱり辛いと思うよ。でも、受験後最初のお稽古に来てくれる人は素敵。すごく勇気があると思う。

湖月　そう思います。

思い出のバーでポーズ

川路　宝塚に受かった子も一緒にお稽古するからね。だから苦しいと思うけど、宝塚に入る人に対して「がんばってね」って言える人になってほしい。反対に入った子は、夏休みに戻ってきてみんなと前のようにあったかく付き合ってるのを見ると、良かったなと思う。

湖月　私のときも、みんなにあたたかく送り出してもらいました。でも、私にとって川路先生はずっと遠い存在でした。今はこんなふうにお話させていただいてますけど、当時は憧れが先にあって、すごく緊張してたと思います。

川路　当時は生徒が今の比じゃないくらい多かったしね。受験生だけでも四〇～五〇人。わたるはずっと「川路先生」って言ってたじゃない？　私、いつになったら「ターちゃん先生」って呼んでくれるかなと思って待ってたの。

湖月　宝塚にいる間はまだ無理でしたね（笑）。勇気を持ってターちゃん先生って言えばいいんですけど、手紙でも「川路先生」ってまた書いちゃったなと思いながら。

川路　距離があったというか、礼儀的なところもすごくきちんとしてたからね。

湖月　いえいえ、中学を出てすぐ宝塚に入ったものだから、礼儀も何も全然わからなかったんですよ。だから逆に、宝塚の規律とか礼儀に付いていくのに必死だったんだと思います。

「宝塚」がつなぐ縁

湖月　宝塚を退団してから、外部の作品で一緒になる共演者の方から「実は宝塚受けたんですよ」って言われることもあるんですよ。えー、なんで落ちたんだろうって思うんですけど、でもきっと夢を捨てずにいたことで、また別の道からミュージカルの世界、エンターテインメントの世界に進んでらっしゃる方も多いんだろうなって。それは出演者だけじゃなくて、スタッフとして支えてくださっている方からも「受験しました」ってよく言われるので。そこで一気に距離が縮まる気がするんですよね。それはやっぱり宝塚独特のことだと思う。ほかの世界にもそういうことはあるかもしれないですけど、「宝塚」というキーワードですごく仲良くなれるので、やっぱり同じ夢を持つっていうのはいいなと思います。

川路　宝塚っていうのはやっぱりすごいところだよね。七七歳になったらますますよくわかるようになった。私、宝塚がなかったらどうなってたんだろうと思うの。だってこの間、がんの手術をするっていうときも全部宝塚関係の方のご紹介とか、手術してくださった先生も偶然宝塚好き、その助手の先生も宝塚好きでさ（笑）。宝塚を通じていろんな方に出会うし、助けてもらってる。

宝塚退団後、外部公演の楽屋で

湖月　この間は先生の手術後、ちょっと病室行かせていただいたら、六時間ぐらい喋ってましたよね。ふたりっきりであんなに長くお話したのは初めてじゃないかな。

川路　そうね。珍しくまじめな話もしたかな、ちょっとね。

湖月　そのときに、先生は「教える」ということへの情熱が、全くぶれないなと思ったんです。

川路　ぶれないんじゃなくて、ほかを知らないだけなのよ。

湖月　でも知ったとしても、たぶん先生は自分の信じる道にまっすぐ進む人生を選ばれたと思います。だって、寺子屋やりたかったっておっしゃっていましたよね。

川路　そうそう。私は別に、よくできる人には教えたくないわけ。寺子屋みたいな、もっとちっちゃいお稽古場でいいのよ。そこにちょっとハナ垂れた子とか、ちょっと親から嫌われた子とか、グレた子とか、三歳が居れば一五歳も居るような、その子たちと一緒に勉強したかったのよ。で、バレエも教えちゃってみたいな（笑）。

湖月　本当に「教える」ということが先生の天職なんだなと思います。それを受け継いだ「川路っ子」と言われる教え子たちが、もう何千人と生まれていって。本当に素敵な先生に出会えたんだなって、病室でお話した日、改めて感謝しました。

川路　私もすごい先生たちのもとで教えていただいて、同じように思ってるの。宝塚の先生もすごいよね。みんなそれぞれ癖はあるけど、魅力的で、本当に学ぶものが多いじゃない。

湖月　本当に。

川路　あんなに全部教えてくれちゃっていいのかなと思うぐらい、出し惜しみせずに教えてくださるからね。退団したってその絆は変わらない。わたるが宝塚を辞めてからの舞台を見ても、やっぱり宝塚の男役っぽいところも残ってるよね。ファンの人だってそれをちょっと望んでるところもあるでしょう？　しっかり女になっちゃわないようなところ、なりきれないようなところ。

湖月　うちの事務所は個性をとても大事に自由に伸ばしてくれているので、本当にありがたいと思ってます。大好きで入った宝塚人生、一八年間を駆け抜けて、辞めるときは「もうお別れなんだね」と思って本当に寂しかったんですけど、辞めてからは、ずっと繋がり続けてるんだなっていうのを感じるんですよ。辞めても一生「元宝塚」で。辞めたほうが先輩方とも仲良くなったり、先生とも距離が縮まったり。

川路　そうなのよね。

湖月　在団中のほうがもうちょっとかしこまってたかもしれないです。現役とOGの距離感にもどこか緊張感があったんですけど、自分がOGのなかに入れていただくと、本当に大先輩からみんなひとつの家族みたいになっていて。「宝塚のOGってこんなに世界が広いんだ」って思いましたし、ああお別れじゃなかったんだ、って。宝塚歌劇とは永遠に繋がっていられる。でも逆に言うと、やはり一生「元宝塚」という重みはきちんと背負って生きていかないといけないということでもありますよね。

川路　それが宝塚の世界の独特さだよね。

湖月　いいことはもちろん、悪いことがあっても「元宝塚」という言葉はついてまわりますから。私の場合は特にトップスターとして出てしまうことに対して、辞めてからのほうがズシッと責任を感じましたね。やっぱり歌劇団に対してご迷惑をおかけしたくないですし、それぞれの道を歩んでいらっしゃる先輩方を見習って、自分らしくありながら、卒業生として恥ずかしくない生き方をしていきたいなってすごく思いました。中にいるときは必死すぎて、「タカラジェンヌ」ということも当たり前に思っていましたから。

川路　本当、私も辞めてからどんどん「あんなにあたたかいところはない」って思うようになったの。いつも宝塚に対して「おかげさまで」って思うのよ、小林一三先生すごいなって。それでいつも言ってるんだけど、あの「清く正しく美しく」って普通の人はそれしか言わないじゃない。でもその上にもともとは「ほがらかに」っていうのがある、それを広めたいわけよ、私は。

湖月　「ほがらかに」大切ですね。

川路先生がいなければ宝塚に入れなかった

湖月　私、川路先生に出会ってなかったら宝塚に入ってなかったなってよく思います。

川路　そんなことないよ。入ってる、勝手に入ってる。

湖月　いや、これは本当に、宝塚に入ったとき「私は川路先生のところに習いに行ってなかったらここにいられなかったな」ってはっきり思ったの、すごく覚えてます。

川路　みんなそういうふうに言ってくれるけど、わたるはそんなことないでしょ。

湖月　いや、音楽学校に入って周りを見渡すと、やっぱりみんな宝塚に入るために勉強してきてたんですよ。もし先生のところに行かずに近所のバレエ教室と近所の声楽の先生に習っていただけでも、ひっくり返って入ったかもしれませんよ。でも、私の同期にはそんな人はいなかったんです。どこかにはいたかもしれませんけど、私の同期はみんなちゃんと宝塚目指して先生に習って、予備知識や礼儀とかもきちんと身につけてから入っていました。だから、本当に私は先生に出会えて良かったと思いました。入ってしばらくして、予科生のときに。本当ですよ、これ。

川路　ちなみに、辞めようと思ったことってある?

湖月　実は一回だけ無理かなって思ったんです。アトピーがひどかったとき。舞台メイクがきつくて。でもいい先生をご紹介いただいて、良くなりました。

川路　合う先生がいて良かったね。でも、あまり悩みないほうでしょ。暗くなってるわたるはあんまり印象にないわ。

湖月　うーん、だって宝塚に入ってからの悩みとか、トップスターになってからの悩みって言っても、自分が目指してたことじゃないですか。だからあんまりそれを悩みというふうには考えてなかったんだと思うんですよね。それは嫌なら辞めればいい話で。特に男役は下積みが長いので、先輩方をたくさん見て学んできてますから、ある程度覚悟を持ってなっています。実際に自分がトップになってみると、改めてそのすごさに「ははーっ」って、すべての先輩方にひれ伏す感じになりました。卒業してからも、先生の生き方を見て、「ははーっ」って思います。そう考えたら悩みって、たしかになかったかもしれません（笑）。

川路　ね。そういう芯の強さがある人だよね。

湖月　そうですね。落ち込んでも跳ね返りが早いほうですし、何かあったら家でやけ酒とか飲む（笑）。それとあとは、やっぱり先生もおっしゃるようにレッスン。レッスンをして、汗を流すことで本当に吹っ切れたりするんですよね。

川路　それは本当にそうだと思う。私ね、川路の教え子に湖月わたるがいましたっていうの、すごく誇りに思ってるの。「ちゃんとイスをどかして端っこまで掃除してたよ」とか「トイレの掃除だってちゃんと早く来て、やった？って言わなくたって影で誰も見てないのにお掃除する人なんだよ」「みんなが帰っちゃったあとでも一生懸命勉強してたよ」ってみんなに言ってるのよ。

湖月　今思うと、願掛けしてたんですかね。夜遅くまで残れないので早めに来て、誰もいない稽古場をお掃除するって……。

川路　そういう意志の強さはあったね。それが目力に表れてるのよ。

湖月　そういえば、東京宝塚劇場の近くにちっちゃいお稲荷さんがあったんですよ。宝塚とはなんの関係もないところだと思うんですけど、当時は観劇したら、そこに必ずお参りに行ってました。でもそれをずっと忘れていて……ついこの間、近くを通ったときそのことをハッと思い出して、「お礼が遅くなりましたけれども、そういえばわたくし宝塚に入らせていただきました」って、三〇年越しの報告をしてきました（笑）。

川路　遅すぎるけど、むしろよく思い出したよね（笑）。

これから宝塚を目指す人へ

湖月　今日ここに来るとき、私はこの新しい教室ができた年から知ってるんだなって改めて思いました。ピカピカのこの稽古場に入らせていただいたときの感動をすごく思い出して。どんなお稽古場なんだろうってワクワクしながら来て、階段を降りて。それから三〇年以上経って、まだここにこうしてお稽古場があって、ここで毎年毎年、先生は受験生を送り出し、受験に携わる親御さんたちといろんなことがあり……本当にこの建物にいろんな方と先生の思いが詰まっているんだなぁと思います。レッスンのあとみんなで掃除したなとか、先生のお手紙を毎月いただいてたなとか、月謝のお札の向きは揃えて入れるのよと教えていただいたこととか、いろいろ思い出しました。

川路　そうでしょう、だから今日はこのお稽古場で話したかったの。そのほうがリラックスして当時のことを思い出せるかなと思って。

湖月　本当に、このお稽古場に出会えて、先生と共に過ごせたあの時期があったから、今の私があります。今もそういう子がたくさんいると思うので、先生にとっては本当に大変なお仕事だと思うのですが、「できない子ができるようになったら嬉しいのよ」とおっしゃるキラキラしたお顔を見ると、やっぱりこれからもずっとずっと、続けていってほしいと思います。

川路　さて、どこまでやれるんだろうね。

湖月　きっと先生は、今の親御さんたちにもできない大切なことをいっぱい教えていらっしゃると思うんです。私もいまだに教えていただいてますし。そのときどきは、先生からすると届いてないように思うかもしれませんけど、私だって当時どれだけ先生に言っていただいたことがわかってたかっていったら怪しいです（笑）。それでも大人になってから残ってるものって必ずあるので、そこは先生、信じていいと思うんです。言い続けていただいたら、きっと時間が経ってからもその子たちの中に、先生の思いとか、生き方とか、絶対残っていると思います。

川路　そうかな、最近のお稽古は昔に比べるとやっぱり寂しいことも多いの。でもね、今回がんになって良かったと思うのは、みんなの愛情に気づけたこと。わたるをはじめ、「そんなに思っててくれたの？」っていう人がたくさんいた。好きな人しか周りにいなくて、こんなわがままでいいのかなと思うけど。

湖月　「好きな人しか周りにいない」って言えるのってすごく素敵なことだと思います。もう嫌いな人とは付き合わないっておっしゃってますけど、でもその中でいろいろ、先生は戦っていらっしゃるんですよ。いろんな方もいらっしゃる。だけど本当に自分の信頼できる方たちが周りにいて、先生を愛する人がたくさんいる。私もそのなかの一人として、これからも先生と長いおつき合いをさせていただきたいです。

川路　ありがとう。ときどき、自分だけが歳を取ってるような気になっちゃうわけ。私、あと何年大丈夫かなとか。いくらなんでも口先だけじゃバレエを教えられないじゃない。だからすごく自分だけ年取っちゃって、悪いかなと思うんだけど。みんなも一緒に歳取るんだね。

湖月　はい、大丈夫です。取ってます。追いつけないけど、追いかけてます（笑）。

先生もおっしゃってましたけど、タカラジェンヌを目指そうと思っている方には、宝塚は特に限定された時期しか受けられないので、本当悔いのないように、「入りたい」っていうその情熱を燃やしながら夢中に過ごしてほしいと思います。今の時代、やらなきゃいけないことも情報も本当にたくさんありますし、迷うことも多いと思うんですよ。だからこそ、まっすぐにひたすらにがんばる時期があってもいいんじゃないかな。宝塚に入る夢が叶わなくても、それはきっと返ってきて、素敵な道につながると思います。そのためにやっぱり子どもだから親御さんに協力してもらわなきゃいけないことがいろいろありますが。ちゃんと感謝の気持ちを持ってお願いしたら、きっと親御さんも理解してくれると思いますので。情熱だけは失わないで、宝塚の夢に向かってもらいたいなと思いますね。

川路　「宝塚が好き」っていう思いってすごくわかりやすいよね。私なんて新聞を開くと「宝塚」って字が目に飛び込んでくるのよ。で、よく見たら「宝塚競馬」だったりとか（笑）。でもそのとき、「あっ、なんだろう」って心が動くのよね。宝塚ってつくづくすごいところだと思う。

宝塚に入りたいと思ったら、何はともあれ「高三まで受けさせて」って親に言うことと、まず先生の言ってることを素直に受け取って、それを信じてレッスンしてほしいということ。やっぱり、先生というのは信じていないとついていけないものだと思うのね。だから川路に見学に来てくれた子には、「あちこち、ほかも見てきてください」って必ず言うのよ。一番大事だと思うのは、自分に合う先生と、駅からの環境がどうかということ。痴漢の出そうなところは駄目だし、飲み屋がいっぱいあるところだって駄目でしょ、だからそういうのはご自身でしっかり見て、教え方を見て納得がいって、親子でお話して納得いったらぜひ来てくださいって言うんだけどね。

湖月　たまに相談を受けるときがあるのですが、私が先生のところをご紹介することはもちろんできるけれど、まずいろいろ見てみて、って。やっぱり先生のところに行きたいってなったらご連絡くださいってお伝えしているんです。

川路　川路を卒業した人に、娘も……とか孫も……とか言われること、本当に多いのよ。最近も、友達の子にやっと女の子の孫が生まれたの。その子を宝塚に入れてくれって言われて、足し算したら九八歳までやらなきゃいけない、えーって（笑）。

湖月　一発合格とは限りませんから、一〇二歳ぐらいまでがんばらないといけませんよ。

川路　ね。そのためにはやっぱり「ほがらかに」を忘れずにレッスンしなきゃいけないね。

一番落ち着くお稽古場で

おわりに

夢をつかみたい
辛抱強くなくては夢はつかめない
夢を追いつづけたい
夢に近づきたい
夢をにぎりしめたい
そのために努力することを忘れないで
夢に近道はないの！

立ち向かう勇気
立ち止まる勇気
立ちつづける勇気
立ち上がる勇気

立ち去る勇気
どの勇気を
どのとき
どういう心で使うことができるのか
それがとっても大切！

私の夢は
九八歳でもあかるい
タップの踏めるおばあさんになること
ユーモアのあるおばあさん
好奇心のあるおばあさん
機転のきくおばあさん
小粋なおばあさん
ちょっとおしゃれな
ちょっといたずら好きなおばあさん

この本は、一通の手紙から始まりました。差出人は左右社の筒井菜央さん。開くと「先生の言葉を宝塚受験生のお守りにしたい」とありました。お手紙やイラストを書くのは大好きなので、いつか簡単な冊子を作ろうかなとは思っていましたが、まさか本を出すことになるとは思わず、驚きました。

制作が始まってすぐ、がんの手術をすることになりました。「がん」という言葉の暗くて重たいイメージが嫌だったので、「美《み》実《み》ちゃん」と呼ぶことにしました。思わず笑顔が増えちゃうような、明るい太陽のような芸名!

そのとき心に浮かんだのは、小林一三先生の「ほがらかに清く正しく美しく」でした。私にとって一番の「お守り」はこの言葉だったのですね。おかげで手術もぶじに終わり、今も毎日お稽古を続けています。

宝塚歌劇団は、世界にひとつしかない特別な場所。退団して五〇年近く経っても、私はそこから生まれたご縁に支えられつづけています。

どうかこの本が、宝塚を愛するたくさんの方に届きますように。

二〇二〇年一月一〇日　川路真瑳

PROFILE

川路真瑳
（かわじ・まさ）

立教女学院付属小学校・中学校卒業、文化学院英語科卒業。4歳よりバレエを始め、6歳より橘秋子先生に師事。橘バレエ学校、中等科・高等科・専門科を卒業後、牧阿佐美バレヱ団に入団。13歳で世界的バレリーナ、アレクサンドラ・ダニロヴァ公演に最年少で参加。その後、宝塚音楽学校を経て宝塚歌劇団花組に配属され『恋天狗』全国地方公演初主演。『天使がみている』新人公演初主演。トウシューズで踊れる男役として活躍。月組に組替えし『ウエストサイドストーリー』のベイビー・ジョン役など。1971年3月、宝塚歌劇団を退団。同年8月、川路真瑳バレエスタジオ開設。

SPECIAL THANKS

後藤央子
塚田由美
椿ななみ
舞園るり
山内希久代
横田由美

宝塚受験　世界にひとつしかない夢

二〇二〇年二月三日　第一刷発行

著者　川路真瑳
発行者　小柳学
発行所　株式会社左右社
東京都渋谷区渋谷二―七―六―五〇二
ＴＥＬ　〇三―三四八六―六五八三
ＦＡＸ　〇三―三四八六―六五八四
http://www.sayusha.com

装画　はるな檸檬
装幀　bitter design
印刷・製本　創栄図書印刷株式会社